행복한 구역 모임 쓰리 플러스

토론식

행복한
구역모임
쓰리 플러스

토론식

생명의 양식
THE BREAD OF LIFE

책머리에

구역모임은 한국교회를 지탱해온 든든한 기둥입니다. 그동안 한국교회는 주일 예배로 모이는 것뿐만 아니라 소그룹으로도 모여 말씀과 삶, 은혜를 누렸습니다. 지금은 교회마다 셀, 목장, 순, 사랑방 등으로 이름을 달리하지만 구역모임이 그 원형입니다.

모든 교재는 불만족스럽습니다. 어떤 교재는 너무 공부만 하고(정보만 제공하고), 또 어떤 교재는 지나치게 가벼운(감정선만 강조한) 것 같습니다. 이런 불만족 중에 《행복한 구역모임 쓰리 플러스》는 균형을 잡고자 애를 썼습니다. 단순히 성경 정보만 제공하지도, 가벼운 감정만 나누지도 않습니다. 구역원끼리 말씀으로 위로하고 변화를 위해 서로 노력하는 데 도움 되도록 제작하였습니다.

《행복한 구역모임 쓰리 플러스》의 주제는 "교리와 그리스도인의 삶"입니다. 교리는 성경의 가르침으로서 그리스도인의 삶의 떼려야 뗄 수 없습니다. 본 교재의 각 단원은 '신앙의 기초 다시기'(교리 서론), '하나님은 누구신가?'(신론), '사람은 어떤 존재인가?'(인간론), '예수 그리스도와 구원'(기독론, 구원론), '교회란 무엇인가?'(교회론), '종말과 하나님 나라'(종말론)입니다.

《행복한 구역모임 쓰리 플러스》는 이전에 출간되었던 구역모임 교재《행복한 구역모임》에서 교리 단원을 모아 개정한 교재입니다. 조성국 교수님(고신대학교 기독교교육과)께서 개정 집필해 주셨습니다. 개정 작업해 주신 조성국 교수님과 실무로 수고한 총회교육원 연구원들과 직원들에게 깊은 감사를 드립니다. 이 교재를 통해 완전한 하나님의 말씀이 각 교회의 소그룹마다 역사하여 온전한 한 사람, 한 사람을 세워가는 구역모임이 되기를 간절히 바랍니다.

2024년 11월 22일

총회교육원 이기룡 원장

행복한 구역모임 쓰리 플러스 사용하기

◆

토론식

행복한 구역모임 플러스는 토론하기에 좋은 '토론식 교재'와 설명과 이해하기에 좋은 '강해식 교재'가 있습니다.

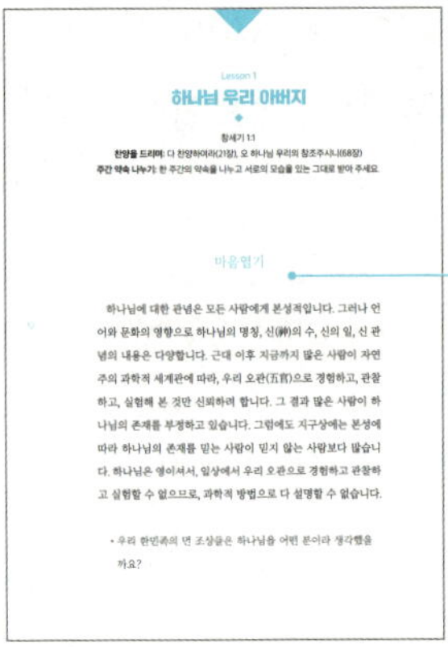

Lesson 1

하나님 우리 아버지

창세기 1:1

찬양을 드리며: 다 찬양하여라(21장), 오 하나님 우리의 창조주시니(68장)

주간 약속 나누기: 한 주간의 약속을 나누고 서로의 모습을 있는 그대로 받아 주세요.

마음열기

하나님에 대한 관념은 모든 사람에게 본성적입니다. 그러나 언어와 문화의 영향으로 하나님의 명칭, 신(神)의 수, 신의 일, 신 관념의 내용은 다양합니다. 근대 이후 지금까지 많은 사람이 자연주의 과학적 세계관에 따라, 우리 오관(五官)으로 경험하고, 관찰하고, 실험해 본 것만 신뢰하려 합니다. 그 결과 많은 사람이 하나님의 존재를 부정하고 있습니다. 그럼에도 지구상에는 본성에 따라 하나님의 존재를 믿는 사람이 믿지 않는 사람보다 많습니다. 하나님은 영이셔서, 일상에서 우리 오관으로 경험하고 관찰하고 실험할 수 없으므로, 과학적 방법으로 다 설명할 수 없습니다.

• 우리 한민족의 먼 조상들은 하나님을 어떤 분이라 생각했을까요?

1단계 ◆ 마음열기

- 과의 주제와 관련된 도입을 읽고 함께 나누면서 모임을 시작합니다.
- '마음 열기'를 통해 구역원들은 보다 열린 마음으로 구역모임에 참여합니다.

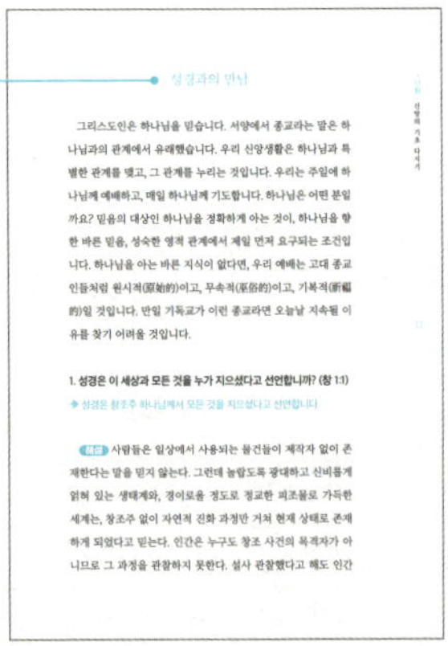

성경과의 만남

그리스도인은 하나님을 믿습니다. 서양에서 종교라는 말은 하나님과의 관계에서 유래했습니다. 우리 신앙생활은 하나님과 특별한 관계를 맺고, 그 관계를 누리는 것입니다. 우리는 주일에 하나님께 예배하고, 매일 하나님께 기도합니다. 하나님은 어떤 분일까요? 믿음의 대상인 하나님을 정확하게 아는 것이, 하나님을 향한 바른 믿음, 성숙한 영적 관계에서 제일 먼저 요구되는 조건입니다. 하나님을 아는 바른 지식이 없다면, 우리 예배는 고대 종교인들처럼 원시적(原始的)이고, 무속적(巫俗的)이고, 기복적(祈福的)일 것입니다. 만일 기독교가 이런 종교라면 오늘날 지속될 이유를 찾기 어려울 것입니다.

1. 성경은 이 세상과 모든 것을 누가 지으셨다고 선언합니까? (창 1:1)

◆ 성경은 창조주 하나님께서 모든 것을 지으셨다고 선언합니다

해설 사람들은 일상에서 사용되는 물건들이 제작자 없이 존재한다는 말을 믿지 않는다. 그런데 놀랍도록 광대하고 신비롭게 얽혀 있는 생태계와, 경이로울 정도로 정교한 피조물로 가득한 세계는, 창조주 없이 자연적 진화 과정만 거쳐 현재 상태로 존재하게 되었다고 믿는다. 인간은 누구도 창조 사건의 목격자가 아니므로 그 과정을 관찰하지 못한다. 설사 관찰했다고 해도 인간

2단계 ◆ 성경과의 만남

- '성경과의 만남'을 통해 제시된 주제의 답을 성경에서 발견합니다.
- 성경에 근거한 주제 해설은 명쾌한 이해와 확실한 깨달음으로 인도합니다.
- 해설 아래 질문을 통해 배운 말씀을 자신의 삶에 구체적으로 적용합니다.

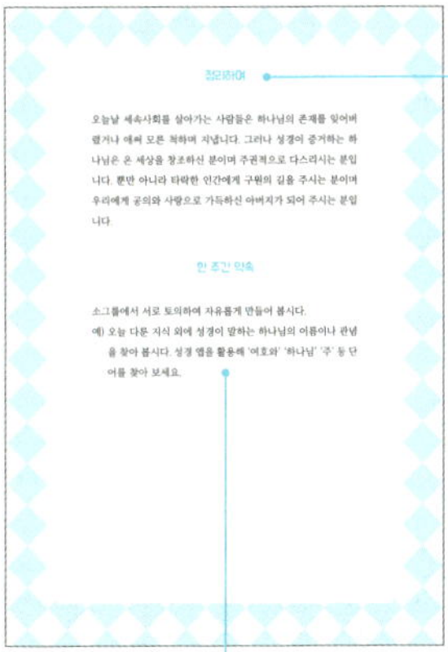

3단계 ◆ 정리하며

- '정리하며'는 배운 말씀을 다시 정리하기 위한 단계입니다.
- 배운 말씀을 짜임새 있게 정리함으로 말씀을 기억하고 순종할 것을 다짐합니다.

4단계 ◆ 한 주간 약속

- '한 주간 약속'은 결단한 내용을 구체적으로 실천하는 마지막 단계입니다.
- 구역원들과 함께 약속함으로 서로 격려하고 실천하는 데 힘을 얻습니다.
- 서로를 위해 기도하며 모임을 마칩니다.

CONTENTS

1단원
신앙의 기초 다지기

모든 일에는 기초가 중요합니다. 건물은 기초가 좋으면 안정감이 있고, 높이 세울 수 있습니다. 나무도 기초가 되는 뿌리가 튼튼하면 높이 자라고 굳건히 섭니다. 신앙도 마찬가지입니다. 뿌리를 잘 내리면 크게 성장하여, 최고의 잠재력 수준, 곧 그리스도의 장성한 분량까지 이를 수 있습니다. 신앙의 기초를 확립하는 작업은 기독교의 기초 교리를 학습하는 일입니다. 교리는 성경이 가르치는 신앙 내용의 개념 원리, 혹은 믿음의 뼈대로서, 신학 활동의 결과입니다. 이러한 기초 교리가 제대로 확립되어 있지 않으면 신앙이 성장하지도 않고, 잘못된 길로 빠지기 쉽습니다. 1 단원에서는 교리 주제들을 깊이 탐구하기에 앞서, 먼저 전체 지도를 개관하고자 합니다.

Lesson 1

하나님 우리 아버지

창세기 1:1

찬양을 드리며: 다 찬양하여라(21장), 오 하나님 우리의 창조주시니(68장)

주간 약속 나누기: 한 주간의 약속을 나누고 서로의 모습을 있는 그대로 받아 주세요.

마음열기

하나님에 대한 관념은 모든 사람에게 본성적입니다. 그러나 언어와 문화의 영향으로 하나님의 명칭, 신(神)의 수, 신의 일, 신 관념의 내용은 다양합니다. 근대 이후 지금까지 많은 사람이 자연주의 과학적 세계관에 따라, 우리 오관(五官)으로 경험하고, 관찰하고, 실험해 본 것만 신뢰하려 합니다. 그 결과 많은 사람이 하나님의 존재를 부정하고 있습니다. 그럼에도 지구상에는 본성에 따라 하나님의 존재를 믿는 사람이 믿지 않는 사람보다 많습니다. 하나님은 영이셔서, 일상에서 우리 오관으로 경험하고 관찰하고 실험할 수 없으므로, 과학적 방법으로 다 설명할 수 없습니다.

- 우리 한민족의 먼 조상들은 하나님을 어떤 분이라 생각했을까요?

성경과의 만남

그리스도인은 하나님을 믿습니다. 서양에서 종교라는 말은 하나님과의 관계에서 유래했습니다. 우리 신앙생활은 하나님과 특별한 관계를 맺고, 그 관계를 누리는 것입니다. 우리는 주일에 하나님께 예배하고, 매일 하나님께 기도합니다. 하나님은 어떤 분일까요? 믿음의 대상인 하나님을 정확하게 아는 것이, 하나님을 향한 바른 믿음, 성숙한 영적 관계에서 제일 먼저 요구되는 조건입니다. 하나님을 아는 바른 지식이 없다면, 우리 예배는 고대 종교인들처럼 원시적(原始的)이고, 무속적(巫俗的)이고, 기복적(祈福的)일 것입니다. 만일 기독교가 이런 종교라면 오늘날 지속될 이유를 찾기 어려울 것입니다.

1. 성경은 이 세상과 모든 것을 누가 지으셨다고 선언합니까? (창 1:1)

➔ 성경은 창조주 하나님께서 모든 것을 지으셨다고 선언합니다.

해설 사람들은 일상에서 사용되는 물건들이 제작자 없이 존재한다는 말을 믿지 않는다. 그런데 놀랍도록 광대하고 신비롭게 얽혀 있는 생태계와, 경이로울 정도로 정교한 피조물로 가득한 세계는, 창조주 없이 자연적 진화 과정만 거쳐 현재 상태로 존재하게 되었다고 믿는다. 인간은 누구도 창조 사건의 목격자가 아니므로 그 과정을 관찰하지 못한다. 설사 관찰했다고 해도 인간은 단지 자연현상만 보았을 것이다. 우리는 계시(啓示)의 말씀인 성경이 하나님이 이 세계와 모든 것을 창조하셨다고 선언하고 있기 때문에 믿는다. 창조주 하나님을 믿는 기독교인들에게 창조신앙과 과학은 모순되지 않는다. 과학은 하나님이 창조하신 자연 영역의 법칙을 탐구하고 응용하는 문화적 과업으로서 하나님을 섬기는 방식이기 때문이다. 단, 과학이 과학의 한계를 넘어, 마치 철학과 신학처럼, 종교의 교리처럼 변질된다면 창조신앙과 과학은 대립할 것이다. 자연주의와 대진화론은 과학 자체가 아니라 하나의 세계관이다.

• 나는 하나님을 창조주로 믿고 고백합니까?

2. 타락한 인간을 구원하신 분은 누구입니까? (요 3:16)

➔ 자비로우신 하나님께서 은혜언약을 따라 구원의 길을 주셨습니다.

해설 하나님은 이 세계를 만들고 세계 안에서 창조의 면류관인 인간을 만드셨다. 그리고 이 첫 사람 아담, 곧 인류에게 세계의 모든 것을 맡겨, 잘 다스리고 관리하게 하셨다. 그러나 이내 인간은 자발적으로 하나님이 주신 언약의 명령을 어기는 죄를 범했다. 이런 반역적 마음은 생각과 행동에 나타났다. 반역적 마음의 태도는 마치 신체와 기질의 유전처럼, 영적 본성으로 유전되었다. 그 결과 타락한 본성을 따라 산 인간은 하나님의 심판 아래 있다.

그러나 자비하신 하나님은 그럼에도 인간을 사랑하셔서 은혜언약을 세워 구원의 길을 마련해 주셨다. 은혜언약에 따라 예수 그리스도를 보내어, 대속(代贖)의 구원을 이루게 하였고, 성령을 보내어 구속을 적용하셨다. 하나님은 우리의 구속주(救贖主)시다.

• 나는 구속주 하나님의 은혜에 감사하고 있습니까?

3. 하나님은 세상을 창조하신 후 세상을 내버려 두십니까? (요 5:17)

➔ 하나님은 전능하신 능력으로 세상을 주권적으로 통치하십니다.

해설 하나님은 창조하신 세계를 내버려두지 않으신다. 세계가 창조 법칙에 따라 움직이지만 하나님은 전체를 주권적으로 다스리신다. 예수님은 아버지께서 이제까지 일하시니 나도 일한다고 하셨다. 하나님은 지금도 이 세계와 모든 사건을 다스리신다. 많은 사람은 인간을 역사의 주체로 보고, 강대국, 유력한 사람, 과학과 기술이 세계를 움직인다고 생각한다. 인간은 문화적 존재여서 사건과 역사에서 인간의 역할이 크다. 그럼에도 보이지 않는 하나님의 주권적 통치력이 세계와 역사 배후에서 작용하여 하나님의 뜻을 실현한다. 이것을 '하나님의 섭리'라고 부른다. "하나님의 섭리의 사역은 그의 모든 피조물들과 그 모든 행동들을 그의 지극하신 거룩함과 지혜와 능력으로 보존하시며 다스리는 것입니다"(소교리문답 11문답).

• 하나님의 다스리심을 경험한 적이 있습니까?

4. 하나님은 우리에게 어떤 분이십니까? (마 6:9)

➔ 하나님은 우리의 아버지가 되십니다.

해설 하나님은 아버지로 일컬어지지만, 우리가 가진 전통적 부성(父性)의 엄격함과 모성(母性)의 자애로움을 모두 가지셨다. 이 둘의 교리적 표현은 하나님의 공의(정의)와 사랑이다. 공의의 하나님은 인간의 죄를 책망하고 심판하셔서 바로 세우신다. 사랑의 하나님은 회개하기까지 기다리며 일반 은혜를 주시고, 회개하는 자를 용서하시고, 회복시키고, 연약한 자를 일으키며, 기도에 응답해 주신다. 성경은 우리에게 하나님이 창조주 하나님, 구속주 하나님, 주권적 통치자 하나님, 우리 하나님이라 가르치고 있다. 우리는 하나님에 관한 이 지식으로 예배하고 기도해야 한다. 하나님에 대한 지식이 우리 신앙의 출발점이며 종착점이다.

• 언제 하나님을 아버지로 부르고 있습니까?

정리하며

오늘날 세속사회를 살아가는 사람들은 하나님의 존재를 잊어버렸거나 애써 모른 척하며 지냅니다. 그러나 성경이 증거하는 하나님은 온 세상을 창조하신 분이며 주권적으로 다스리시는 분입니다. 뿐만 아니라 타락한 인간에게 구원의 길을 주시는 분이며 우리에게 공의와 사랑으로 가득하신 아버지가 되어 주시는 분입니다.

한 주간 약속

소그룹에서 서로 토의하여 자유롭게 만들어 봅시다.

예) 오늘 다룬 지식 외에 성경이 말하는 하나님의 이름이나 관념을 찾아 봅시다. 성경 앱을 활용해 '여호와' '하나님' '주' 등 단어를 찾아 보세요.

Lesson 2

인간 하나님의 형상

창세기 1:27

찬양을 드리며: 큰 죄에 빠진 날 위해(282장), 오랫동안 모든 죄 가운데 빠져(284장)

주간 약속 나누기: 한 주간의 약속을 나누고 서로의 모습을 있는 그대로 받아 주세요.

마음열기

"인간은 누구입니까?" "인간은 무엇입니까?" 우리는 인간이면서도 이런 질문을 받으면 답하기 어렵습니다. 이런 질문에 답을 찾아보려는 노력은 여러 방면으로 이루어졌습니다. 한마디로 압축해 보려는 철학적 접근이 있고, 인간 생활을 서술해 보려는 문학적-역사적 접근이 있고, 신체와 심리적 기능을 들여다보는 과학적 접근이 있습니다. 여러 가지 많은 설명은 인간 이해에 큰 도움이 되지만, 여전히 인간 존재는 신비하고 혼란스럽습니다. 그 이유는 인간이 영혼의 존재이고, 그런 질문은 자신에 대한 질문이기 때문입니다.

- 나의 성격 유형은 무엇입니까? 혹시 심리검사를 해 보았다면 말해 보세요.

성경과의 만남

우리 신앙생활에서 하나님을 아는 것만큼, 우리 인간이 어떤 존재인지 아는 것도 중요합니다. 신학자 아우구스티누스와 칼뱅은 먼저 하나님을 알아야 사람을 알 수 있다고 보았으므로 하나님에 관한 지식을 앞에 두었습니다. 하나님을 알면 인간의 본질을 쉽게 표현할 수 있지만, 하나님을 모르면 인간에 대한 설명은 부분적이고, 기능적일 뿐, 본질에 대하여는 의견이 분분할 따름입니다. 성경에 따라 인간이 누구인지 혹은 무엇인지 알게 되면, 하나님과 바른 관계를 맺을 수 있고, 인생의 목적과 의미를 깨달아 소명에 따른 삶을 살게 됩니다.

1. 하나님은 인간을 어떻게 창조하셨습니까? (창 1:27)

➔ 하나님은 인간을 다른 존재와 구별되게 하나님의 형상대로 창조하셨습니다.

해설 말씀으로 세계와 모든 존재를 창조하신 하나님은 마지막에 첫 인간 아담을 만드셨고, 그에게 관리 책임을 맡기셨다. 하나님은 인간을 세계 내 존재로서 생태계 조건에 일치하는 피조물로 만드셨으나, 다른 존재와 구별되게 하셨다. 처음부터 하나님이 인간을 하나님 형상의 존재가 되도록 의도를 가지고 만드셨기 때문이다.

하나님 형상의 의미는, 하나님과 특별한 관계를 가진 종교적 존재로 하나님을 예배하며, 하나님의 청지기로 세계를 돌보고 발전시키는 문화적 소명을 수행하는 책임과 권세가 있다는 뜻이다. 인간은 하나님(神)이 아니고, 될 수도 없다. 그렇지만, 피조물 수준의 하나님 형상이므로, 하나님의 성품을 반영하고, 하나님의 뜻을 구현하는 방법으로 하나님의 영광을 드러낸다. 모든 인간은 하나님의 형상이므로 다른 피조물과 비교할 수 없을 정도로 소중하다.

• 하나님의 형상이라는 말에서 어떤 느낌이 드나요?

2. 존귀한 인간이 어떤 존재로 변질되었습니까? (롬 3:23)

➔ 첫 사람이 범죄하므로 이후 후손까지 모두 하나님을 반역하는 죄인이 되었습니다.

해설 하나님과의 언약 관계에서 인간 대표였던 아담이 하나님께 죄를 지었으므로, 아담을 대표로 삼는 인류는 이 언약 관계에서 죄인 집단이 되었다. 실제로도 아담의 영적 범죄는 인간 본성의 특성이 되었다. 마음에서 자신을 신(神)의 자리에 세우거나, 세계에서 다른 신을 찾는 방법으로 하나님께 반역한다. 이를 교리 표현으로 '원죄'라고 한다.

인간 본성이 죄의 원천이 되었으므로 인간의 생각과 의지와 행위, 그것으로부터 구체화된 실제의 삶은 죄의 열매들이다. 인간이 도덕적 선을 전혀 추구하지 않는다는 의미가 아니라, 하나님을 향한 반역을 거두지 않기 때문에, 여전히 죄인이다. 죄인인 인간은 선과 정의를 타인을 정죄하는 도구로 사용하면서, 자신은 선과 정의를 행하지 않는 위선적인 이중성을 보일 때가 많다. 사도 바울은 죄인을 보며 크게 탄식했다(롬 3:10-12, 6:23).

• 내가 죄인이라는 생각이 언제 깊이 들었는지 말해 보세요.

3. 하나님은 죄인들이 멸망하도록 내버려 두셨습니까? (요 3:16)

➔ 하나님은 은혜언약의 구원 계획을 세우시고 예수 그리스도를 보내 구원의 길을 주셨습니다.

해설 하나님은 죄인인 인간을 모두 멸망하도록 버려두지 않으셨다. 인간을 위해 은혜언약의 구원 계획을 세우시고, 대속자로 유일한 아들 예수 그리스도를 보내 주셨다. 그리스도의 속죄 사역과 성령의 역사로, 그리고 믿음으로 은혜언약에 들어오는 사람은 구원을 얻게 되었다. 예수님의 구원을 믿는 사람은 대속을 적용받아, 죄인의 자리에서 의인으로, 그리고 하나님의 자녀의 자리로 옮겨졌다. 우리의 회심과 영적 신분 변화는 신체적인 변화나 사회적인 신분 상승이 아니라 영적인 신분 변화로서, 하나님과의 종교적 관계에서 근본적인 변화가 일어났음을 설명한다. 언약의 관점에서 볼 때, 대표자 아담 안에 있는 운명 공동체에서, 대표자 그리스도 안에 있는 구속 공동체로 바뀌었다. 그리스도 안에 있는 사람은 성령의 인도로 하나님의 뜻을 행하는 참된 인간의 삶을 살아갈 수 있게 되었다(롬 6:11).

- 예수님을 믿고 구원받은 이후, 당신의 삶에서 가장 크게 달라진 것은 무엇인가요?

정리하며

존귀한 존재로 지음 받았으나 타락하여 하나님을 거스르고 심판 아래 놓이게 되었습니다. 그러나 하나님이 구원의 길을 주셨으므로 그리스도를 믿어 그리스도 안에 있게 되었습니다. 그리스도 안에 있는 사람은, 이미 영적으로 죄의 속박과 영원한 심판에서 해방되었습니다. 적극적으로는 성령의 인도로 하나님의 뜻을 행하는 참된 인간의 삶을 살아갈 수 있는 자유를 누릴 수 있게 되었습니다.

한 주간 약속

소그룹에서 서로 토의하여 자유롭게 만들어 봅시다.

예) 인간과 동물의 차이는 무엇이며, 그리스도인과 비그리스도인의 차이는 무엇인지 생각해 본 후 나누어 보세요.

Lesson 3

예수 그리스도와 구원

요한복음 14:6

찬양을 드리며: 예수 앞에 나오면(287장), 예수를 나의 구주삼고(288장)

주간 약속 나누기: 한 주간의 약속을 나누고 서로의 모습을 있는 그대로 받아 주세요.

마음열기

종교인이 아니어도 예수님의 가르침에서 사랑의 윤리, 지혜, 하나님의 나라 이념을 좋아하는 사람들은 많습니다. 그러나 하나님의 아들 되심(神性), 대속(代贖) 구원, 믿음을 통한 구원 등은 받아들이기 어려워합니다. 예수님에 대한 중요한 지식은 자연에 대한 과학적 연구, 인간과 사회에 대한 인문학과 사회학 연구, 혹은 자신을 깊이 성찰한 철학과 심리학 연구로 얻을 수 없습니다. 예수님의 일은 하나님의 구원 계획을 따라 이뤄진 일로서 하나님의 계시인 성경과 예수님 자신의 말씀으로 알 수 있습니다.

- 예수님이 그리스도시요 하나님의 아들이심을 언제 알고 믿게 되었습니까?

성경과의 만남

죄의 결과로 고난이 왔고, 죽음이 왔고, 하나님과 인간과 자연의 모든 관계에서 평화가 상실되었습니다. 그러나 하나님은 은혜 언약을 세워 구원의 길을 제시하셨습니다. 본문은 예수님이 하나님 나라에 대해 가르칠 때 제자 도마가 하나님 나라의 소재(所在)와 거기에 들어가는 길을 물었고, 그 질문에 답한 내용입니다. "예수께서 이르시되, 내가 곧 길이요 진리요 생명이니 나로 말미암지 않고는 아버지께로 올 자가 없느니라"(요 14:6). 이 말의 뜻은 무엇일까요? 그리고 예수 그리스도와 구원은 어떤 관계가 있을까요?

1. 성경이 말하는 유일한 구원의 길은 무엇입니까? (요 14:6)

➔ 성경은 오직 예수님이 구원에 이르는 유일한 길이라 선언합니다.

해설 후기 현대 사회는 다원주의 사회이다. 다원주의는 모든 주장이 특정 언어와 문화와 권력적 특성을 옷 입고 있다고 보기 때문에, 한 집단과 문화의 진리가 보편적이고 절대적인 진리라고 말할 수 없다고 보고 상대적으로 그리고 실용적으로만 취하려 한다. 종교적 신앙도 문화적인 것으로 간주하는 이들이 있으니 바로 종교다원주의자들이다. 종교다원주의자들은 종종, 산 정상에 오르는 길은 하나만 있는 것이 아니라, 여러 길이 있다고 말한다.

이런 태도가 한편으로는 민주적 사회, 다원적 사회에서의 평화로운 삶을 위해 바람직한 태도라는 생각이 들 것이다. 그런데 오늘날 유럽과 북미 사회는 이런 다원주의 이념이 너무 낭만적인 환상이라는 것을 경험하고 있다. 하나님의 계시인 성경은, 예수님의 구원을 다원주의적으로 설명하지 않는다. 오직 예수님이 하나님 나라에 이르는 그 길, 그 진리, 그 생명이라 했고, 다른 길은 없다고 단정하기 때문이다. 이유는 하나님이 은혜언약으로 주신 구원자는 예수님이기 때문이다. 하나님이 주신 은혜언약 안에서의 속죄와 구원을 기대한다면 오직 예수님뿐이다.

• 예수님이 유일한 구원자라는 믿음을 지키면서 겪은 갈등 상황이 있습니까?

2. 성경은 무엇이 참된 진리, 절대 진리로 소개합니까? (요 1:17)

➔ 성경은 조금도 주저하지 않고 예수 그리스도가 진리이심을 말합니다.

해설 오늘날 사회는 과학이나 자연법칙을 진리로 여기는 듯하다. 과학이 엄밀하게 관찰하고 실험하여 발견한 자연 법칙은, 만일 과학자가 탐구 과정에서 정직했고, 연구 결과를 과장하지 않고, 전체와의 관계에서 잘 해석하고 있다면, 세계에 대한 하나님의 진리를 설명하고 있다. 그런데 과학 철학과 과학사를 보면, 과학자의 편향과 지식의 한계, 세계관의 영향이 연구 결과를 잘

못 해석하게 하는 사례가 많으므로, 과학적 설명은 절대 진리일 수는 없고 진리에 대한 잠정적인 해석이라고 보아야 할 것이다. 반면에 예수님은 창조와 구원과 완성의 중심에 있는 분이므로, 절대 진리시다. 고대로부터 오늘날에 이르기까지 많은 사람이 진지하게 지혜자에게 혹은 자신 내면을 성찰하며 동일한 질문을 던졌다. 이에 대하여 하나님의 계시인 성경은 조금도 주저함 없이 "예수 그리스도가 진리"라고 말한다. 그런데 이 진리는 자기 성찰과 학문과 문화로부터 깨닫지 못하고, 오직 예수님의 말씀과 성경을 통해서, 그리고 진리의 영인 성령의 감동으로 알게 된다.

• 과학적 지식과 성경의 진리가 충돌하는 것처럼 느껴진 경험이 있는가?

3. 우리는 누구 안에서 풍성한 생명을 누립니까? (요 10:10)

➔ 우리는 예수님 안에 있을 때 풍성한 생명의 삶을 누립니다.

해설 예수님은 자신이 이 땅에 온 목적을 "양으로 생명을 얻게 하고 더욱 풍성히 얻게 하려는 것이라"(요 10:10)라고 선언하셨다. 그래서 우리는 예수 그리스도의 이름과, 십자가와 부활을 믿음으로 참된 생명을 얻고, 영원히 누릴 수 있게 되었다. 우리가 생명이신 예수님 안에 있을 때, 언제나 풍성한 생명의 삶을 누리게 된다. 의학과 약학의 비약적 발전으로 우리는 생물학적 생명을 오래 유지하면서 건강하게 사는 축복을 누리고 있다. 반면, 심리적 자아는 상처와 좌절로 죽음을 향하거나, 사회 안에서 생명을 한껏 발현할 기회를 얻지 못해 움츠린 사람도 있다. 영적 생명력과 회복탄력성이 약해서 무력감을 갖고 방황하는 사람도 있다. 결혼과 자녀 생산이라는 생명 과정조차 위축되어 있다. 이런 세상을 향하여 자신이 생명이며, 사람들로 생명을 얻게 하고 더 풍성히 누리게 하실 것이라는 예수님의 말씀은 지금도 진리로 선포되고 있다.

- 현대 사회에서 생명력을 잃어가는 이들에게 어떻게 예수님의 생명을 전할 수 있을까요?

정리하며

하나님의 계시인 성경은, 예수님의 구원을 다원주의적으로 설명하지 않습니다. 오직 예수님이 하나님의 나라에 이르는 그 길, 그 진리, 그 생명이라 했고, 다른 길은 없다고 단정하기 때문입니다. 이유는 하나님이 은혜언약으로 주신 구원자는 예수님이기 때문입니다. 예수님 안에서만 참된 진리, 풍성한 생명을 누릴 수 있습니다.

한 주간 약속

소그룹에서 서로 토의하여 자유롭게 만들어 봅시다.

예) 다원주의 사회에서 우리가 절대 진리를 말해야 할 때 어떤 태도로 말하는 것이 좋을까요? (참고. 벧전 3:13-17)

Lesson 4

하나님의 자녀

요한복음 1:12-13

찬양을 드리며: 나 어느 날 꿈속을 헤매며(134장), 내 주님 입으신 그 옷은(87장)

주간 약속 나누기: 한 주간의 약속을 나누고 서로의 모습을 있는 그대로 받아 주세요.

마음열기

어떤 부모의 자녀가 된다는 것은 자녀가 결정할 수 있는 일이 아닙니다. 그런데 자녀에게 부모는 단지 출생만 의미하는 것이 아니라, 자녀의 신체, 성격, 인생에도 큰 영향을 줍니다. 자연과학을 공부한 사람들은 부모의 신체와 성격 조건이 자녀의 인생에 가장 큰 영향을 준다고 볼 것입니다. 사회과학을 공부한 사람은 부모의 사회적 지위와 경제적 수준이 자녀의 인생에 가장 큰 영향을 준다고 볼 것입니다. 그래서 자녀에게 부모는 보통 사랑의 대상입니다만, 드물게 원망의 대상이 되기도 합니다.

- 부모님을 떠올리면 어떤 마음이 드나요? 감사와 존경의 마음인가요 아니면 서운함과 연민인가요?

성경과의 만남

구약의 대속 제사는 예수님의 십자가 대속 죽음의 예표(豫表) 혹은 상징이었으므로 잠정적인 방식이었습니다. 그렇다면 오늘날 우리는 어떤 방식으로 하나님께 속죄받고 하나님과의 관계 회복과 화목을 누릴 수 있을까요? 그 방식은 대속자이면서 대속 사건의 원형이신 예수님과 관련되어 있습니다. 본문은 하나님의 자녀가 되는 방법을 간단하게 알려 줍니다. "영접하는 자, 곧 그 이름을 믿는 자들에게는 하나님의 자녀가 되는 권세를 주셨으니, 이는 혈통으로나 육정으로나 사람의 뜻으로 나지 아니하고, 오직 하나님께로부터 난 자들이니라."

1. 어떤 사람이 하나님의 자녀가 됩니까? (요 1:12)

➜ 예수님을 영접하는 자가 하나님의 자녀가 됩니다.

해설 아담 안에 있는 모든 인간은 은혜언약에 따라 예수님(의 이름과, 십자가와 부활)을 믿어야 구원을 얻는다. 은혜언약에는 다른 구원 방법이 없다. 예수님 당시 이스라엘의 사회지도자이며 선생이었던 니고데모는, 영적 사건인 거듭남(重生)의 방법을 이해하지 못하여 중생을 문자적으로 생각했다. 그래서 "두 번째 모태(母胎)에 들어갔다가 날 수 있사옵니까?"하고 되물었다(요 3:4). 예수님을 영접한다는 것은, 예수님을 그리스도, 하나님의 아들, 구세주로 인정하고, 마음으로부터 예수님과의 특별한 영적 관계 안으로 들어가는 것을 뜻한다. 마음으로 예수님을 영접한 것은, 밖으로는 공적인 신앙고백으로 표현된다. 행위 언약에 따라 아담 안에 있던 사람이, 은혜언약에 따라 예수님을 영접함으로써 이제는 그리스도 안에 있는 사람이 된다. 예수님을 영접하는 일은 마음으로 이루어지는 사건, 곧 영적인 사건, 인격적인 사건이다.

- 언제, 어떤 계기로, 예수님을 영접하게 되었나요? (예: 부모의 권유, 지인의 전도, 스스로 출석 등).

2. 누구의 뜻으로 하나님의 자녀가 됩니까? (요 1:13)

➔ 혈통이나 육정이나 사람의 뜻으로 되지 않고 오직 하나님의 뜻대로 됩니다.

해설 예수님을 그리스도, 하나님의 아들, 구세주로 인정하고 마음속에 영접하면, 은혜언약에 따라 하나님의 자녀가 된다. 하나님의 자녀가 된다는 것은 놀라운 신분 변화를 동반한다. 영적 관점에서 볼 때, 더 이상 어둠에 있지 않고, 빛의 자녀가 된다. 더 이상 사탄과 죄의 노예가 아니라, 하나님의 자녀이다. 새로 하나님의 자녀가 되는 것은, 자연법칙에 따른 사건이 아니다. 그래서 본문에, 생물학적 혈통(血統)으로, 심리적 육정(肉情)으로, 인간의 도덕적 혹은 주체적 뜻(意志)으로 되는 것이 아니라고 말하고 있다(요 1:13). 신체적 조건이나, 사회적 조건이나, 개인의 노력과 성취로 되는 것이 아니다. "오직 하나님께로부터 난 자들이니라"(요 1:13)라는 표현을 보면, 하나님의 자녀가 되는 것은 전적으로 영적인 출생이며, 하나님이 우리 아버지가 되셨기 때문에 이루어진 일이다. 그래서 우리에게 요구된 것은 그저 영접하는 것, 곧 마음으로 수용하여 믿는 것뿐이다. 하나님의 자녀가 된다는 것은 은혜이며 선물이다.

- '하나님의 자녀'라는 말이 주는 자신감 혹은 책임감에 대하여 말해 보세요.

3. 하나님의 자녀가 누리는 권세(특권)는 무엇입니까? (마 6:31-33)

➔ 하나님이 예비하신 구원, 실제 삶의 모든 필요를 채워 주심, 영원한 유업을 얻는 것입니다.

해설 하나님의 자녀가 가진 특권(권세)은 다음 몇 가지로 정리할 수 있다. (1) 은혜언약의 구원을 모두 누린다. 성령님이 함께하여 효력 있는 부르심, 칭의, 양자, 성화, 죽음 이후 영광과 안식, 부활과 영광, 영생에 이르게 한다(소교리문답 제30-38문). 그리고 교회를 통하여 그리스도의 선지자, 제사장, 왕의 사역에 참여하여 그리스도와 함께 일한다(하이델베르크 교리문답 제32문답). (2) 모든 필요를 아시고 채워 주시며 기도를 들어 주신다. 예수님은 무엇을 입을까, 무엇을 마실까, 무엇을 입을까 염려하지 말라고 하셨다. 하나님 아버지가 자녀의 모든 필요를 아시고 돌보신다는 믿음을 갖게 하셨고, 기도를 가르쳐주셨다. 단지 우리에게 필요한 것이 있다면. 그것은 하나님의 나라와 의를 구하는 것, 현재 조건에서 부지런히 일하고, 최선을 다하여 살아가는 것뿐이다. (3) 영원한 유업을 얻는다. 자녀가 부모의 유산의 상속 특권을 갖고 있듯이, 하나님 아버지는 영원한 하늘나라에 우리의 지분을 주셨다. 그래서 하늘나라는 우리의 고향이고 영원한 유업이 있는 곳이다.

• 나는 하나님의 자녀답게 특권을 잘 누리고 있습니까?

정리하며

고대 사회만 아니라 오늘날도 자녀가 된다는 것은 부모의 특별한 돌봄을 받고, 부모의 재산을 상속받을 수 있는 권리를 갖는다는 점에서 특권을 갖는 셈입니다. 예수님은 집 떠났다 돌아온 아들의 비유를 통하여 하나님의 자녀가 아버지 하나님께 특별한 돌봄과 상속을 받게 됨을 암시하기도 하셨습니다(눅 15:11-32). 이처럼 우리는 하나님의 자녀가 되는 큰 복을 받은 자들입니다.

한 주간 약속

소그룹에서 서로 토의하여 자유롭게 만들어 봅시다.

예) '하나님의 자녀'가 되었다는 사실이 나에게 주는 긍정적인 유익을 생각했다가 다음 모임에서 나누어 보기.

Lesson 5

구원의 확신

로마서 8:1-2

찬양을 드리며: 강물같이 흐르는 기쁨(182장), 이 기쁜 소식을(185장)

주간 약속 나누기: 한 주간의 약속을 나누고 서로의 모습을 있는 그대로 받아 주세요.

마음열기

우리는 때때로 성령님을 따라 특별한 일을 경험합니다. 성령의 영적 작용에 의한 감정 분출은, 격한 분노와 같은 부정적이고 공격적인 감정이 아니라, 사랑받음에서 오는 고마움, 서러움 등으로서 잠시 통제하려고 애를 먹는 눈물을 동반합니다. 하나님에 대한 신뢰감이 생기고, 성경과 설교를 좋아하는 마음이 생기고, 직관적으로 쉽게 깨닫고, 정말 믿게 됩니다. 오늘날 흔하지는 않지만, 질병 치유, 방언, 기도 응답, 특별한 꿈 등이 있기도 합니다. 이런 영적 경험은 하나님을 신뢰하는 데서 오는 구원 신앙의 확신을 더 견고하게 만들어 줍니다.

- 영적 체험을 경험해 보았거나, 가까운 사람의 영적 체험을 들은 적이 있습니까?

성경과의 만남

하나님을 반역하고 하나님의 계명을 범함으로 세상에 심판과 죽음이 왔지만, 사랑의 하나님은 은혜언약으로 구원의 길을 만드셔서 예수님을 대속(代贖) 제물로 세상에 보내셨습니다. 예수님이 대속의 일을 완성하셨으므로, 예수님을 믿으면 대속을 적용받아 사면받고, 의인으로 인정받고, 하나님 자녀의 권세를 누리며, 미래에 완전한 구원이 성취될 때까지 보호받습니다. 이것을 기독교는 구원이라고 말합니다. 그러면 나에게 구원이 적용되었음을 아는 것, 다른 말로 하면 구원의 확신은 어떻게 얻을 수 있나요?

1. 어떤 면에서 구원을 하나님의 선물이라 말할 수 있습니까? (엡 2:8)

➔ 우리의 행위나 노력에 기초하지 않고 하나님께서 구원을 예비하시고 이루셨기 때문입니다.

해설 구약 성경에서 구원은 적의 침략과 압제로부터 벗어나는 다소 정치적 의미였다. 신약 성경에서는 무엇보다도 하나님을 반역한 죄에 대한 형벌과 죽음으로부터의 영적 구원에서 출발하여 전인적 구원, 그리고 우주적 구원을 뜻한다. 심판과 저주와 형벌 아래 있던 죄인이 예수 그리스도를 믿어 자유인이 되었고, 하나님의 자녀가 되었다.

은혜언약에 따른 구원 사건은 구원사에 있어 실제 역사적 사건이었고, 그 의미와 효력은 영적인 실재가 되었다. 그래서 우리는 현재 구원을 맛보고 있고, 미래에는 더 완전하게 구원을 누리게 될 것이다. 우리의 구원(속죄, 칭의, 자녀)은 우리 행위와 노력과 인정에 기초한 것이 아니라, 오직 하나님이 은혜언약을 제시하셨고, 은혜언약의 구원 방법에 따라 예수 그리스도께서 대속하셨고, 성령님이 그 효력을 적용하여 우리에게 현실이 되었으므로, 구원은 하나님 은혜의 선물이라 해야 할 것이다(엡 2:8).

• 구원의 기초가 하나님께 있다는 점이 어떻게 다가옵니까?

2. 무엇으로 우리의 구원을 확신할 수 있습니까? (롬 5:5)

➔ **우리는 명백한 성경 말씀의 근거에서 구원이 이루어졌고 완성될 것을 확신할 수 있습니다.**

해설 구원에 대한 분명한 이해와 확신은 중요하다. 은혜언약이 제시한 구원 방법인 그리스도의 십자가 대속 죽음과 부활에 대한 믿음으로(롬 1:16-17), 우리는 죄와 사망의 법에서 해방되고, 그리스도 안에서 의롭다 함(칭의, 稱義)을 얻고, 새로운 삶을 살게 되며(롬 6:10-11), 하늘나라로 옮겨진다(엡 2:5-6). 은혜언약에 따라 이런 방법으로 믿는 자를 구원하실 것을 미리 알렸고, 그리스도의 십자가와 부활이 있었고, 성령님이 믿는 자에게 구원의 효력을 적용하고 있으므로, 구원은 현실이 되었다. 우리는 명백한 성경 말씀의 근거에서 구원이 우리에게 이미 이루어졌고, 이후에 완성될 것을 확신할 수 있다. 물론 우리는 성령의 내주(內住)와 사역을 느낄 때 구원을 더 강렬하게 확신할 수 있다. 마음으로 하나님의 사랑을 받았음을 느끼게 되고(롬 5:5), 하나님의 일에 새로운 관심이 생기고(롬 8:5), 성경 말씀과 설교를 좋아하게 되고(롬 7:22), 하나님을 아버지라 부르며 진지하게 기도하는 것 등이다(롬 8:15). 그러나 가장 분명한 근거는, 하나님의 사랑과 말씀에 대한 신뢰이다(롬 8:28-39).

- 구원의 확신 경험을 말해 봅시다. 대단한 체험이 아니어도 괜찮습니다.

3. 구원받은 그리스도인의 신분과 역할은 어떻게 바뀝니까? (벧전 2:9)

➔ 구원받은 그리스도인은 하나님의 자녀, 하나님의 권속, 왕 같은 제사장, 그리스도의 향기와 편지로 불립니다.

해설 성경은 구원받은 그리스도인의 신분과 역할을 다음과 같이 설명한다. ① 하나님의 자녀: 하나님 앞에서 죄인이나 대적으로 여겨지는 것이 아니라 아들과 딸, 곧 자녀로 인정받는다(요 1:12). 하나님과 부-자녀 관계의 교제와 특권을 누린다. ② 하나님의 권속(眷屬): 외인(外人)이나 이주민이 아니라, 하나님 나라의 시민권을 가진 백성, 동시에 하나님의 가족으로 여겨진다(엡 2:19). ③ 왕 같은 제사장: 하나님은 구약 성경에서 하나님의 백성을 지칭하여 "제사장 나라"라고 말씀하셨는데(출 19:6), 이제는 그리스도인이 "왕 같은 제사장"이다(벧전 2:9). 그 의미는 하나님을 섬기는 거룩하고 존귀한 사람들이라는 뜻이다. ④ 그리스도의 향기, 그리스도의 편지: 사도 바울은 그리스도인을, 그리스도를 풍겨내는 향기(고후 2:15), 그리스도를 알려 주는 편지(고후 3:3)라고 표현했다. 우리가 그리스도 안에 있고, 우리 안에 그리스도의 영인 성령이 계시므로, 우리의 말과 성품과 행동에서 그리스도가 반영되고 나타난다. 그래서 성숙한 그리스도인은 겸소하고 단정하며 따뜻하고 고상한 품위가 있다.

- 변화된 신분에 맞게 살아가는 구체적인 방법과 지혜가 있다면 말해 봅시다.

정리하며

우리는 그리스도의 십자가 안에서 대속을 얻었고, 그리스도의 부활 안에서 새로운 존재로 살게 되었습니다. 사회적 관점에서는 비종교인에서 기독교인이 되었다는 정도의 변화이지만, 하나님과의 관계에서 보는 영적 관점에서는 지위와 신분이 확실하게 달라졌습니다. 하나님이 주시는 구원과 신분 변화를 확신하며 변화된 사람답게 살아가기 바랍니다.

한 주간 약속

소그룹에서 서로 토의하여 자유롭게 만들어 봅시다.

예) 구원의 확신 경험에 대한 짧은 개인 간증문 만들어 보기.

Lesson 6

믿음의 성장 1

요한복음 4:24

찬양을 드리며: 내 영혼의 그윽히 깊은 데서(412장), 십자가 그늘 아래(415장)

주간 약속 나누기: 한 주간의 약속을 나누고 서로의 모습을 있는 그대로 받아 주세요.

마음열기

신앙생활이란 무엇일까요? 대체로 많은 사람이 예배하고, 찬송하고, 기도하고, 교육받고, 교제하고, 봉사하는 것 등을 말할 것입니다. 물론 이런 여러 가지 활동이 모두 신앙 성장에 도움이 됩니다. 그러면 신앙 성장에 특히 도움이 되는 활동은 무엇일까요? 소교리문답 88문답은 이렇게 말합니다. "그리스도께서 우리에게 구속의 은덕을 전달하시는 외적인, 보통의 방편은 그가 정하신 것들인데, 특별히 말씀과 성례와 기도입니다. 이 모든 것은 그리스도께서 구원을 위하여 그 택하신 자들에게 효력 있게 하셨습니다."

- 경험상 자신의 신앙 성장에 도움이 되었던 활동은 무엇이었습니까?

성경과의 만남

복음에 대한 믿음은 성령이 우리 마음에 불러일으킨 것으로서 생명력을 가지고 있습니다. 사람의 마음에 믿음이 심기면 크게 성장합니다. 때때로 여러 가지 이유로 믿음은 정체되기도 하고 말라버리기도 합니다. 그럼에도 복음의 말씀은 생명의 말씀이고, 성령은 생명의 영이므로, 우리가 그 생명을 소중하게 대하면, 기독교인의 마음에서 믿음은 성장하고, 고난과 시험에도 불구하고 인내하게 되며, 결국 결실하게 됩니다. 그러면 우리의 믿음은 어떻게 해야 더 잘 자라게 될까요? 두 주에 걸쳐 살펴보겠습니다.

1. 믿음은 무엇을 통해 자랍니까? (요 4:24)

➔ 믿음은 참된 예배를 드림으로써 잘 자랍니다. 그러므로 예배를 잘 준비하고 집중해야 합니다.

해설 믿음은 참된 예배를 드리면 잘 자란다. 그렇다면 참된 예배를 위해 필요한 지침은 무엇일까? 미리 마음으로 준비해야 한다. 예배 시작 10분 전까지 예배실에 도착하여 차분히 준비한다. 예배는 영이신 삼위 하나님과의 만남과 대화이기 때문이다. 토요일 밤, 늦은 시간까지 약속 잡기, 여행, 뉴스와 영화와 스포츠 등의 TV 혹은 유튜브 시청, SNS 활동에 몰두하는 일은 삼가야 한다. 토요일 밤은 조금 일찍 그리고 충분한 수면을 취하는 것이 좋다. 헌금을 미리 준비해 두어야 하며 예배 시간에는 예배에만 집중해야 한다. <예배 지침> 제7조는 다음과 같은 준비를 권한다. “1. 예배시간이 되면 예배당에 들어가 각기 자리에 앉아서 경건한 마음으로 목사의 사역에 하나님의 도우심과 복이 임하도록 기도하고 참석자들과 결석한 자들을 위해 기도하면서 준비한다. 2. 예배 시간에는 모든 사람이 하나님께 경외하는 마음으로 예배해야 하며, 예배를 방해하는 모든 행위를 삼가야 한다.”

• 주일 예배를 더 잘 드리기 위해 어떤 준비가 필요하다고 생각합니까?

2. 우리의 신앙 지식과 생활 규범에 대한 절대적 규칙은 무엇입니까? (시 1:1-2)

➔ 하나님의 말씀이 기록된 성경입니다. 성경은 또한 영적 양식이기도 하므로 말씀 듣기와 읽기는 믿음을 자라게 합니다.

해설 하나님의 말씀인 성경은 우리의 신앙 지식과 생활 규범에 대한 절대적 규칙이다. 또한 영적 양식이다. 다윗은 시편에서, 복 있는 사람은 여호와의 율법을 주야로 묵상한다고 했다(시 1:2). 따라서 우리는 매일, 시간과 분량을 정해두고 성경을 읽는 생활 규칙을 가져야 한다. 성경을 다독(多讀)하는 방법도 좋고, 천천히 읽으면서 묵상하는 방법도 좋고, 좋은 구절을 암송하는 방법도 좋고, 필사(筆寫)하는 방법도 좋고, 외국어 성경을 읽는 방법도 좋다.

매일 일정 분량의 성경을 읽고 묵상하여 성경 전체를 읽게 하는 성경 묵상 잡지는 큰 도움이 된다. 총회교육원은 <복있는 사람>(성인용), <어린이 복있는 사람> <큐티 키즈>(어린이용), <큰 글자 복있는 사람>(중년과 노년용)을, 그리고 학생신앙운동(SFC)은 <날마다 주님과>(대학생 청년용), <날틴>(청소년용)을 출간하고 있다. 이들은 모두 똑같은 성경 본문에 기초하여 작성되었으므로, 가족 구성원이 연령에 따라 다른 책을 사용하더라도 똑같은 성경의 가르침을 묵상하므로, 동일한 주제로 기도하고 대화를 나눌 수 있다.

• 내가 말씀 듣기와 읽기를 위해 애쓰는 부분은 무엇입니까?

3. 믿음을 성장하게 하는 또 다른 방법은 무엇입니까? (빌 4:6)

➔ 기도입니다. 예수님의 이름으로 아버지이신 하나님께 기도함으로 특권을 누림과 동시에 믿음이 자랍니다.

해설 기도 역시 믿음을 성장하게 만드는 활동이다. 그리스도인은 예수 그리스도의 이름으로, 그리고 자녀로서 영적 아버지께 기도하기 때문에, 기도를 은혜의 방편으로 활용하는 특권을 누린다. 그런데 기도가 우리 믿음을 성장하게 만드는 방편이 되려면,

인간 본성에 따라 그리고 다른 종교의 기도 방법을 따라 기도해서는 안 된다. 성경은 기도를 소원 성취를 위한 열쇠로 생각하며 특별한 주문을 계속 반복하여 외치거나, 큰 수고 없이 원하는 바를 쉽게 얻으려고 하는 기도는 잘못된 것이라 말한다.

믿음을 성장시키는 기도는, 하나님에 대한 이해를 기초로 하나님의 나라와 영광과 뜻의 실현을 먼저 구하고, 자신에 대한 진솔한 이해를 기초로 회개하고 구원과 믿음 성장을 간구하고, 그리고 우리가 원하는 소원을 간절하게 말하는 기도이다. 그리스도인은 개인적으로 기도에 힘써야 한다. 동시에 새벽기도회, 수요기도회, 금요(철야)기도회, 가정기도회 등 기도회에 참여하여 함께 기도해야 한다. 기도 생활은 우리 믿음의 근육을 든든히 키운다.

- 우리 영혼과 믿음의 건강 및 성장 상태에 대하여 하나님은 어떻게 진단하실까요?

정리하며

신앙 성장은 막연히 기다린다고 이루어지지 않습니다. 많이 먹고 건강한 활동을 할 때 신체가 자라고, 여러 가지 지적 활동을 통해 지성이 자라듯이 신앙생활도 동일합니다. 예배에 참여하고, 말씀을 듣고 읽고 배우며, 시간 내어 기도할 때 신앙이 크게 성장할 것입니다. 나는 얼마나 신앙 성장에 힘을 쓰고 있습니까? 우리 자신 한번 돌아봅시다.

한 주간 약속

소그룹에서 서로 토의하여 자유롭게 만들어 봅시다.
예) 성경 읽기(묵상)와 기도 등 신앙생활 일일 점검표 만들기.

Lesson 7

믿음의 성장 2

히브리서 5:12-14

찬양을 드리며: 어저께나 오늘이나(135장), 신자 되기 원합니다(463장)

주간 약속 나누기: 한 주간의 약속을 나누고 서로의 모습을 있는 그대로 받아 주세요.

마음열기

미성년자와 성인을 어떻게 구별할 수 있을까요? 단지 신체나 재산만으로는 구분하지 않을 것입니다. 소극적으로는 부모의 직접적인 보호와 돌봄 없이도 판단하고, 결정하고, 행동하고, 교제하면서, 특히 독립적 경제활동으로 자립적인 삶을 영위하는 것이 기준입니다. 보다 적극적으로는 자신 외에, 보호와 돌봄이 필요한 유아, 노인, 장애인 등 약자, 그리고 가족을 부양하는 것이 기준입니다. 그러면 신앙에 있어서 장성했다는 기준은 무엇일까요?

- 신앙생활에서 성인이 되었음을 보여주는 특징에는 무엇이 있을까요?

성경과의 만남

바울은 신앙을, '어린아이' 같은 신앙과 '장성한 사람'의 신앙으로 구분했습니다(고전 13:11). 히브리서는 젖을 먹는 사람과 단단한 음식을 먹는 사람으로 구분하여, 어린아이 신앙을 가진 사람과 장성한 신앙을 가진 사람으로 구분했습니다(히 5:13-14). 비록 단순한 구분이기는 하지만 우리는 어린아이 신앙을 완전히 벗어난 성인의 신앙 안에 있습니까? 말씀과 성령으로 믿음을 갖게 되었다면, 사람들이 발달 과정을 거쳐 성장하는 것처럼, 우리 믿음의 영적 수준도 장성한 분량에 이르도록 자라야 하겠습니다.

1. 시편 말씀이 정말 아름답다고 노래하는 것은 무엇입니까? (시 133:1)

➔ 시편 말씀은 성도의 교제를 당시 가장 아름답다고 생각했던 두 가지 광경에 빗대어 노래했습니다.

해설 시편 말씀은 형제가 연합하여 동거함이 정말 아름다운 상태임을 시로 설명한다. 시편 133편에는 당시 사람들이 정말 아름답다고 생각했던 두 광경이 나온다. 첫 번째는 제사장의 임직식 광경이다. 제사장 직무는 백성에게 구원과 복의 통로였으므로 임직식의 정점에 성령 임재의 표현으로 부은 기름이 얼굴과 옷까지 흘러내리는 광경은 정말 아름다운 광경 경험으로 여겨졌다. 두 번째는 헐몬산의 이슬이다. 비가 흔하지 않은 이스라엘 농업에서,

아침이면 식물이 흠뻑 젖도록 내리는 이슬은 농업에서 고마운 하늘의 축복이라 여겼으므로, 아침 햇빛에 영롱한 물방울들은 정말 아름답게 보였을 것이다. 이 두 가지 광경에 비추어볼 때, 성도의 교제는 아름다운 축복의 광경이고, 풍성한 축복으로 이어질 밝은 미래를 전망하게 한다. 그리스도 안에서 성도의 교제는 위의 두 가지 표현 그 이상이라고 할 수 있다. 교회 안에서 성도들과 교제를 나누는 것은 믿음이 성장하는 데 유익하다.

- 홀로 신앙 생활하는 게 더 편하다며 공동체 모임에 소홀하지 않습니까?

2. 성도는 무엇으로 교육과 훈련을 받습니까? (딤후 3:16-17)

➔ 성도는 말씀으로 교육받고 경건의 습관을 훈련해야 합니다. 그럼으로써 자립적 신앙에 이르게 됩니다.

해설 사도 바울은 신체 단련도 어느 정도 유익하지만, 경건의 훈련과 교육은 범사에 유익하다고 말했다(딤후 4:8). 믿음은 말씀과 성령으로 시작한다. 그리고 믿음의 성장도 하나님의 말씀을 알도록 교육받고 경건의 습관을 훈련함으로써 자립적 신앙에 이르게 된다. 인간의 성장과 자립을 위해 교육과 훈련이 필수인 것과 마찬가지로, 믿음의 성장과 자립을 위해서도 교육과 훈련이 필수이다.

교회는 예배와 집회 외에도 성도에게 성경을 가르치는 교육 프로그램을 운영한다. 교회학교와 더불어, 성경공부, 제자훈련, 전도(선교)훈련 등이 있다. 총회교육원은 교사대학, 성경대학, 교리대학 등의 교육 프로그램으로 교회를 지원한다. 이러한 프로그램들은 믿음의 체계를 확립하고, 성경을 깊이 이해하는 데 도움이 되며, 다른 성도들을 돕고 가르치는 교회 직분자가 되는 준비 과정이 된다.

- 지금 내가 교회에서 교육받고 훈련하고 있는 것들을 나누어 보세요.

3. 신앙에서 성인이 된다는 것은 어떤 일을 하는 사람이 되는 것을 뜻합니까? (벧전 4:10)

➔ 교회 사역에 참여하여 봉사하는 사람이 되는 것을 뜻합니다.

해설 다른 사람을 부양하는 책임을 감당하는 사람을 성인으로 부르듯, 신앙에서도 성인이 된다는 것은 교회 사역에 참여하여 봉사하는 사람이 되는 것을 뜻한다. 성령님은 그리스도인들에게 다양한 은사와 직분과 사역을 주셔서 봉사하게 하신다. 교회는 일반적으로 믿음이 성장했고, 은사를 확인한 사람에게 직분을 맡긴다. 동시에 봉사는 믿음을 성장하게 만드는 활동이어서 봉사를 통해 더 높은 수준의 믿음에 이르게 되기도 한다.

기독교인은 두 가지 영역에서 봉사하도록 요구받는다. 첫 번째는 교회 안에서의 봉사이다. 우리는 교회 안의 봉사활동에 참여하면서 우리 자신이 한 가족임을 느끼게 된다. 교회에 대한 책임의식이 생기고, 봉사활동으로 기쁨과 보람을 느낀다. 봉사는 성령님이 주신 은사를 발휘하는 방법이어서 하나님을 섬기는 길이 되고, 복을 받는 기회가 된다. 두 번째로, 교회 밖에서의 봉사도 있다. 지역 사회에는 도움이 필요한 사람들이 많이 있으므로 교회는 이들을 섬겨 선하고 의로운 삶을 표현한다. 교회 밖 봉사 활동도 하나님의 형상인 인간을 위한 섬김이어서 하나님이 기뻐하시며, 전도와 선교의 기회가 된다.

- 이번에 교회 사역에 참여하고 봉사하고 있는 것이 있다면 나누어 보세요.

정리하며

고대 사회에서는 10대 중반만 되어도 성인으로 인정받았습니다. 그러나 문화가 고도로 발전한 오늘날에 이르러서는 노동을 위한 전문지식과 높은 수준의 기술 능력을 요구하고 있어 그 시기가 조금 더 늦춰지고 있습니다. 그렇다면 신앙에서는 얼마나 되어야 할까요? 각 개인마다 그 시기는 다를 것입니다. 그러나 성도의 교제, 교육과 훈련, 봉사에서 다른 사람에게 모범이 되는 것은 분명한 증거가 될 것입니다.

한 주간 약속

소그룹에서 서로 토의하여 자유롭게 만들어 봅시다.
예) 직분자에게 필요한 그리고 유익한 준비는 무엇이 있을까요?

Lesson 8

그리스도인의 교회 생활

사도행전 2:41-47

찬양을 드리며: 겸손히 주를 섬길 때(212장), 환난과 핍박 중에도(336장)

주간 약속 나누기: 한 주간의 약속을 나누고 서로의 모습을 있는 그대로 받아 주세요.

마음열기

최근 성도들의 교회 생활은 이전보다 관계가 느슨해진 상태입니다. 직장과 이사로 교회 이동이 잦고, 새로 적응하는 데 어려움을 겪습니다. 때로는 인간관계에서 속상한 일을 겪고는 교회를 바꾸기도 합니다. 개인주의 사회에 살면서 내 형편이 다른 사람에게 알려지기를 원치 않아, 형편이 어렵게 되면 수치심을 느껴 스스로 교회에 거리를 두기도 합니다. 또 자본주의 사회에 익숙한 깐깐한 소비자 의식으로 교회 시설과 프로그램 등 조건을 따지기도 합니다. 그러면 교회의 고유한 특성을 고려할 때, 바람직한 교회 생활은 어떠해야 할까요?

- 교회 생활에 만족합니까? 교회 생활이 행복하지 않다면 그 원인은 무엇일까요?

성경과의 만남

교회 생활은 신앙생활의 중심입니다. 교회 생활은 우리를 유익하게 하기 위한 은혜의 장치입니다. 교회가 그리스도의 몸으로 칭해지는 것처럼, 교회 생활을 통해 우리는 그리스도 안에 있음을 확인하고, 은혜언약의 혜택을 누립니다. 칼빈은 교회를 성도들의 어머니라고 설명했습니다. 어머니가 어린아이들을 돌보고 보호하고 양육하는 것처럼, 교회는 성도들을 돌보고 보호하고 양육합니다. 교회 생활은 그리스도인에게 선택사항이 아니라 신앙생활의 본질적 특성입니다. 그러면 교회 생활을 어떻게 해 나가야 좋을까요?

1. 교회는 어떤 공동체입니까? (수 1:5-6)

➔ 교회는 하나님이 세상에서 선택하여 불러 모은 사람들의 공동체입니다.

해설 교회는 하나님이 세상에서 선택하여 불러 모은 사람들의 공동체다. 구약 성경에서 애굽에 있던 히브리 사람들을 불러 가나안 땅에 모으신 것과 같이, 하나님은 우리를 세상에서 불러 교회에 모아 하나님을 예배하고 섬기는 공동체가 되게 하셨다. 다른 공동체는 혈연, 민족, 언어, 문화, 국가 등의 조건에서 형성되는 반면, 교회는 오직 하나님의 부르심, 그리스도와의 연합, 성령의 역사 안에서 형성된다. 그래서 교회는 그리스도의 몸이라 불린다.

교회는 그리스도의 몸으로 칭해지는 특별한 영적 공동체이므로, 성도들 간의 공동 유대감과 교제의 친밀성, 그리고 상호 나눔의 정도는 친족 공동체에 버금간다(행 2:41-47). 우리 모두 하나님의 자녀로서 하나님 아버지를 섬기며 어머니 교회 안에 있으니, 서로 형제자매 관계에 있는 영적 대가족 공동체다. 따라서 우리는 교회를 은혜의 선물로 알고 교회에 대해 긍정적이고 따뜻한 시선을 가지도록 노력해야 한다.

- 교회가 다른 집단과 유사한 점과 다른 점에 대하여 이야기해 보세요.

2. 교회에 모인 사람 모두는 성자 수준의 사람입니까? (수 10:14)

➔ 아닙니다. 예수님 덕분에 의롭다 선언 받은 사람이지만 아직 부족한 사람들입니다.

해설 교회에 모인 사람들은 대부분 예수 그리스도의 대속을 근거로 하나님이 의롭다고 선고하신 사람들이다. 하지만 실제로 전인적으로 성자 수준에 이른 것은 아니다. 아직 믿음을 갖지 못한 사람도 있고, 영적 어린아이 수준에 있는 사람도 있으며, 성령을 따르기보다 욕심을 따르는 사람도 있다. 교회에서 우리는 모든 사람을 한편으로는 하늘과 미래의 관점에서 하나님의 거룩한 자녀로 보고, 또 다른 한편으로는 땅과 현재의 관점에서 여전히 성장해야 할 부족한 사람으로 보아야 한다. 교회는 하나님의 말씀으로 가르치는 직무, 다스리는 직무, 돕고 권하는 직무를 잘 수행하여 부족한 이들을 세워가야 한다.

성숙한 그리스도인은 교회에서 부족하고 불편한 일을 경험할 때, 교회를 떠나라는 신호로 여기지 말고, 교회를 세워가기 위한 기도와 수고와 봉사를 요구받고 있다고 생각해야 한다. 모든 은사와 직분과 사역은 서로 돕는 일로 교회를 성숙하게 세우도록 주어진 것이다(엡 4:11-12, 고전 12:25). 따라서 우리는 교회에 대한 그리스도와 성령의 의도를 이해하여, 다른 사람을 너그럽게 대하고, 인내하며, 봉사를 통해 성숙함으로 이끌어 세워가도록 힘써야 한다.

- 교회 안에서 사람들로부터 마음의 상처를 받은 적이 있습니까? 그때 어떻게 극복했습니까?

3. 좋은 교회를 분별하는 기준은 무엇입니까? (수 25:15)

➔ 바른 신앙고백을 잘 견지하고 삼위 하나님의 뜻을 잘 실행하는지 입니다.

해설 참 교회는 우리가 출석하는 개체교회에 한정되지 않는다. 삼위 하나님은 한 교회만을 위한 하나님이 아니시기 때문이다. 동일한 신앙고백을 공유하고 있는 고신교회는 모두 하나의 교회이기도 하다. 그래서 교회들의 연합체인 노회, 그리고 노회들의 총체 기구로 총회가 있다. 이 모두를 합하여 우리는 고신교회(고신총회)라고 말한다. 우리는 바른 신앙고백을 견지하고 교회를 향한 삼위 하나님의 뜻을 잘 실행하는 교회를 좋은 교회라고 본다.

우리는 하나님 백성 총체의 범위, 혹은 하나님 나라 백성의 범위가 어디까지인지 정확하게 말하기 어렵다. 하나님 나라의 뜻을 하나님의 통치로 이해한다면 범위는 더 넓을 것이다. 우리는 하나님의 나라가 온전히 실현되기를 기도하며, 하나님 나라의 확장을 위해 노력한다. 사회 문화 개혁, 공공선과 인간애를 위한 실천과 봉사 등은 교회 밖의 하나님 나라 사역이라고 할 수 있다. 교회의 사회적 영향력이 크고, 기독교 신자의 비율이 높을수록 하나님 나라에 대한 관심은 더 커진다. 그러나 교회는 특정 세속정치 이념 실현을 위한 도구, 혹은 특정 정당 집권을 위한 도구가 되지 않도록 유의해야 한다.

- 우리 교회와 함께 연합된 교회가 있다면 생각나는 대로 이야기해 봅시다.

정리하며

그리스도인들은 매 주일 교회에서 예배하는 일을 중심으로 영적인 돌봄과 교육을 받으며, 여러 부서에서 교제와 봉사활동에 참여합니다. 교회의 모든 프로그램에 참여한다고 하여 신앙이 좋다고 단정할 수는 없지만, 신앙 좋은 사람은 대체로 교회 생활에 우선적인 관심을 두고, 교회의 모임에 열심히 참여합니다. 나는 교회를 얼마나 사랑하며 열심히 참여하고 있습니까?

한 주간 약속

소그룹에서 서로 토의하여 자유롭게 만들어 봅시다.

예) 우리 교회를 잘 세워가기 위해 우리 구역이 할 수 있는 일은 무엇일까요?

2단원

하나님은 누구신가?

하나님이 누구신지 아는 것은 신앙의 근본입니다. 하나님을 아는 지식은 인간이 가질 수 있는 가장 높은 수준의 지식이고, 가장 큰 행복의 원천입니다. 하나님을 아는 지식은 인간을 아는 지식의 열쇠입니다. 하나님은 영적 존재이므로, 하나님에 관한 지식은 물체와 사건에 대한 대상적(객관적, 과학적) 지식 차원을 넘어서는 인격적, 관계적, 전인적 지식입니다. 그래서 하나님을 아는 지식은 우리의 믿음과 결단과 인격과 삶에 영향을 줍니다. 하나님을 알수록 우리 믿음은 견고해지고, 소명감은 강렬해지며, 삶의 의미는 명확해지고, 우리는 하나님의 성품을 반영하는 인격으로 변화합니다.

Lesson 1

하나님을 아는 길

시편 19:1-4

찬양을 드리며: 예수 더 알기 원하네(453장), 큰 영광 중에 계신 주(20장)

주간 약속 나누기: 한 주간의 약속을 나누고 서로의 모습을 있는 그대로 받아 주세요.

마음열기

본성의 빛, 그리고 창조와 섭리의 사역은 하나님의 선하심과 지혜와 능력을 너무나 분명하게 드러내기 때문에 사람에게 변명의 여지를 주지 않지만, 이것들이 구원 얻기에 필요한 지식, 곧 하나님과 그분의 뜻에 대한 지식을 충분히 베풀지는 않는다. 그래서 주님께서는 … 진리를 보다 더 잘 보존하고 보급하며, 육신의 부패와 사탄과 세상의 악의를 대항하여 교회를 보다 확실하게 세우고 위로하실 목적으로 그 동일한 내용을 전부 기록하게 하셨다. 이는 성경을 절대적으로 필요하게 만든다. …<신앙고백서 제1장, 제1항>.

• 하나님을 아는 지름길은 무엇인가요? 내가 하나님을 알게 된 경험(계기)은 무엇이었나요?

성경과의 만남

지적 역량과 경험이 제한된 우리가 어떻게 전지전능(全知全能)하시고 무소부재(無所不在)하신 하나님을 제대로 알 수 있겠습니까? 우리의 제한된 지성과 경험으로는 하나님을 바르게 알기 어렵습니다. 경험에 따라 변하는 우리의 감성으로는 하나님께 합당한 경배와 사랑에 이르기 어렵습니다. 그러면 우리가 어떻게 하나님을 더 잘 알 수 있나요?

1. 창조 세계가 반영하는 것은 무엇입니까? (시 19:1)

➔ 창조 세계는 하나님의 존재와 영광과 법을 반영합니다.

해설 시편은 창조 세계의 광대함과 신비가 하나님의 존재 특성과 능력을 반영하고 있다고 선언한다. 하나님의 영광을 선포하는 것은 하늘만이 아니다. 창조 세계 내에 있는 모든 피조물이 하나님의 영광과 그의 솜씨를 반영하고 있다. 흔히 대우주라 칭하는 천체와 생태계의 광대하고 놀랍고 경이로운 조화, 소우주라 칭하는 우리 몸의 신비로운 구조와 기능, 그리고 대우주와 소우주의 상호연계성과 조화 등은 하나님의 놀라운 솜씨를 반영하고 있다. 그래서 근대 이전까지 신을 부정하는 것은 어리석은 주장으로 여겨졌다. 근대 이후 많은 사람이 초월적 인격신을 부정하면서도, 자연에 신성(神性)을 부여하거나, 인간에 신성을 부여하고 있다. 그러므로 하나님의 존재와 관념에 대하여 핑계할 수 없다(롬 1:20).

• 창조의 신비를 통해 하나님을 증거하기 위해 우리는 어떤 노력을 할 수 있을까요?

2. 왜 인간의 지성만으로는 하나님을 알지 못합니까? (롬 1:21-23)

➔ 인간이 타락하여서 지성은 타락한 마음의 열망을 추구하는 도구로 전락하고 말았습니다.

해설 인간의 마음에서 감행된 타락의 의지는 인간 지성에 영향을 주고 있다. 지성은 하나님과 인간 자신의 마음을 밝히기보다, 타락한 마음의 열망을 추구하는 도구가 되었다. 또 하나님과의 교제 단절은, 능력과 경험에 있어 한정된 인간 지성이 영적 지식에 접근할 수 있는 기회를 상실하게 했다. 타락 이후 하나님에 관한 영적 지식에 접근하는 통로가 닫혀버렸으므로, 하나님과 언약 관계가 자연 종교 형태의 자연 숭배, 인성 종교 형태의 지도자, 개인, 이념 숭배로 변질되었다. 타락한 욕망으로부터 나온 인간의 지성적 관찰과 성찰과 해석은, 하나님에 관한 이해만 왜곡하는 것이 아니라, 인간에 관한 지식, 사회와 문화에 관한 지식, 자연에 관한 지식도 왜곡한다.

• 오늘날 자연 숭배나 인간 숭배가 어떤 모습으로 나타나고 있을까요?

3. 성경은 우리에게 무엇을 알려 줍니까? (딤후 3:16-17)

➔ 성경은 하나님 존재와 뜻과 하시는 일을 알려 줍니다.

해설 성경을 통해 하나님은 하나님의 존재와 뜻과 하시는 일을 알려 주셨다. 특히 은혜언약의 구원 방법을 상세하게 알려 주셨다. 또 인간과 사회와 세계의 본질을 알 수 있는 중요한 통찰로 이끌어 주셨다. 그래서 성경은 '진리'로, 어둠을 밝혀 주는 '빛'으로 불린다. 성경이 진리와 빛이라는 말은, 성경이 이 세계와 사회 문화에 관한 모든 책을 대체하므로 모든 지식을 불필요한 것으로 만든다는 말이 아니다. 그 대신, 성경은 이 세상의 지식이 줄 수 없는 지식을 알려 주고, 이 세상 모든 지식에서 본질을 드러내는 진리의 규범이 되며, 진리를 볼 수 있도록 밝혀 주는 빛이 된다는 뜻이다. 성경은 구원의 길로 나아가기 위해, 믿음의 성장과 인격 성숙을 위해, 선한 삶을 위해 필요한 유능한 역량을 위해, 삶에서 경험하는 행복과 위로와 인내와 소망을 위해 꼭 필요한 지침서이다.

• 일상생활에서 성경을 어떻게 삶의 지침서로 활용하고 있습니까?

4. 하나님께서 보내신 특별 계시는 누구입니까? (히 1:1-2)

➔ 하나님은 은혜언약의 실현자이자 특별 계시로서 예수 그리스도를 이 땅에 보내셨습니다.

해설 많은 사람이 타락한 마음을 견지하였으므로 하나님 말씀을 진지하게 받아들이지 않았고, 하나님 말씀의 뜻을 제대로 이해하지도 못했다. 그래서 하나님은 은혜언약을 실현해야 할 시점에 마지막으로 구체적인 특별 계시인 예수 그리스도를 보내셨다. 예수님은 구약의 여러 선지자가 예언했던 은혜언약의 실제 구원자였으므로 그를 자세히 보면 구약의 계시가 명확히 이해된다. 예수님은 진리의 선생님으로서 은혜언약의 의미를 직접 설명하셨고, 실제 은혜언약의 구원 방법을 이루는 십자가와 부활을 사람들이 목격하게 하셨다. 그래서 예수님은 눈에 보이는 하나님의 은혜언약 계시였다. 그리고 예수님은 하나님의 아들로서 처음부터 하나님과 함께 창조에 참여하신 분이므로, 세계와 인간과 사회와 문화에 관한 하나님의 법을 가르쳐주는 선생님이었다. 예수님은 우주 역사의 처음이고, 중심이고, 종결이다(롬 11:36). 그러므로 예수님은 존재와 삶과 사역이 모두 구체적인 특별 계시였다.

- 예수님은 은혜언약의 의미를 어떻게 보여주셨습니까?

정리하며

하나님은 구약 시대에 선지자들을 통해 여러 가지 방법으로 은혜 언약의 부분들에 관하여 말씀하셨습니다. 그러나 사람들은 듣지 않았습니다. 그러므로 하나님은 특별 계시이자 종결자로서 예수님을 보내주셨습니다. "예수께서 이르시되 내가 곧 길이요 진리요 생명이니, 나로 말미암지 않고는 아버지께로 올 자가 없느니라"(요14:6). "나는 알파와 오메가요, 처음과 마지막이요, 시작과 마침이라"(계22:13).

한 주간 약속

소그룹에서 서로 토의하여 자유롭게 만들어 봅시다.

예) <복있는 사람> 혹은 <큰 글자 복 있는 사람>으로 매일 성경을 읽고 묵상하기.

Lesson 2

하나님의 이름

출애굽기 3:13-14

찬양을 드리며: 구세주를 아는 이들(26장), 주 우리 하나님(14장)

주간 약속 나누기: 한 주간의 약속을 나누고 서로의 모습을 있는 그대로 받아 주세요.

마음열기

왕정사회, 권위사회를 지나 민주사회에 살고 있는 우리는, 주권이 국민에게 있다는 말을 당연하게 받아들입니다. 자기 몸과 인생에 대하여 자신이 주인이라는 구호를 자주 듣기 때문에, 자신 외의 누구를 '주'나 '왕'으로 호칭하라는 요구에 강하게 거부합니다. 그러나 우리에게 유일한 예외가 있으니 바로 삼위 하나님을 호칭할 때입니다. 성경은 삼위 하나님만을 주로 고백합니다.

- 하나님과 예수님을 주님이라 부릅니까? 그리스도인이 자연스럽게 삼위 하나님을 주님이라 호칭할 수 있는 이유는 무엇인가요(고전 12:3)?

성경과의 만남

아담 이후 인류는 사물과 현상과 개념에 이름을 붙여 소통해 왔습니다. 이름으로 존재 자체의 속성과 본질을 표현하려 했습니다. 우리는 자녀가 태어나면 희망을 담아 이름을 짓습니다. 그러나 인간이 붙이는 이름은 존재나 현상의 속성이나 본질을 정확하게 지칭하지 못합니다. 특히 사람의 이름은 그의 실제 삶과 일치하지 않는 사례가 많습니다. 그러나 하나님의 이름은 하나님의 속성과 동일한데, 그 이유는 하나님이 친히 이름을 계시해 주셨기 때문입니다.

1. 하나님이 모세에게 알려 주신 이름은 무엇입니까? (출 3:14)

➔ 하나님은 모세에게 자기 이름을 여호와로 알려 주셨습니다.

해설 시내산에서 자신을 찾으신 하나님의 이름을 묻는 모세에게 하나님은 그분의 이름을 여호와(야웨)로 알려 주시며, 바로 조상의 하나님 곧 "아브라함의 하나님, 이삭의 하나님, 야곱의 하나님"이라고 하셨다. 여호와는 '스스로 있는 자'라는 뜻인데, 더 쉽게 번역하면, "나는 (거기에 너와 함께) 있는 자이다"라는 뜻이다. 모세가 애굽에서 하나님을 말할 때 이름의 뜻처럼 거기 함께 계실 것을 확인해 준 이름이다. 그리고 구속사에서 여호와의 뜻은 조상들에게 언약하신 것을 신실하게 이루시는 하나님, 언약대로 애굽에서 구원하시는 하나님이라는 뜻이다. 하나님의 이름은 우리의 구원과 축복의 근거여서, 하나님의 이름을 이해하면서 기도와 찬송에서 하나님의 이름을 부르면 큰 위로를 얻을 수 있다.

- 우리가 어려운 상황에 처했을 때, 하나님의 이름 '여호와'가 주는 위로와 소망은 무엇일까요?

2. 구약 성경에서 발견할 수 있는 여호와 하나님의 이름은 무엇이 있습니까?

➜ 여호와 이레, 여호와 닛시, 여호와 샬롬, 여호와 삼마 등입니다.

해설 구약 성경에서는 여호와라는 이름에 다른 단어를 연결하여 구체적인 상황에서 하나님의 존재 특성과 구원을 확신할 수 있게 해 준다. 몇 가지를 정리하면 아래와 같다.

성경 구절	명칭	이름의 뜻
창 22:14	여호와 이레	여호와가 준비하신다
출 17:15	여호와 닛시	여호와는 나의 깃발
삿 6:24	여호와 샬롬	여호와는 평강이라
겔 48:35	여호와 삼마	여호와께서 거기에 계시다

하나님은 우리의 삶에서 모든 순간과 장소에 함께하시며 준비하시는 분이고(여호와 이레), 우리에게 평강을 주시는 분이며(여

호와 샬롬), 우리를 해치려는 대적으로부터 승리를 주시는 분이고(여호와 닛시), 우리와 함께 거기 계시는 분(여호와 삼마)이시다. 따라서 우리가 하나님의 임재를 바랄 때, 평강을 바랄 때, 승리를 바랄 때, 거기에 계시기를 바랄 때, 이에 해당하는 이름을 부르며 기도하면 마음에 평안이 있고, 도우심의 확신을 얻을 수 있을 것이다.

- 하나님의 이름의 의미를 알고, 상황과 기대에 적절한 호칭을 사용하고 있습니까?

3. 그 외에 또 다른 하나님의 이름은 무엇입니까?

➔ **유일하신 하나님, 지극히 높으신 하나님, 전능한 하나님, 영원하신 여호와 하나님, 나를 살피시는 하나님, 주 하나님 등입니다.**

해설 구약성경에는 하나님에 대한 일반적인 명칭이 여러 가지가 있다. 유일하신 하나님(창 1:1), 지극히 높으신 하나님(창 14:19), 전능한 하나님(창 17:1), 영원하신 여호와 하나님(창 21:33), 나를 살피시는 하나님(창 16:13), 주 하나님(시 114:7) 등이다. 이 명칭들도 하나님이 실제로 그런 일들을 행하심으로써 그분의 존재와 속성과 의지를 확인시켜 준 사건들을 기초로 알려진 이름들이다. 특히 주라는 이름은, 왕(통치자)과 주인을 뜻하면서도, 거룩한 이름 여호와(야웨)를 대체하여 하나님의 백성 공동체가 호칭했던 가장 일반적인 명칭이었다.

• 다른 사람들이 하나님의 호칭과 명칭을 속되게 혹은 모독적으로 사용할 때 어떻게 해야 할까요?

4. 예수님이 알려 주신 하나님의 호칭은 무엇입니까? (마 6:9)

➔ 예수님은 우리에게 하나님을 아버지로 부르도록 알려 주셨습니다.

해설 구약 성경에서 두드러진 하나님의 특성은 창조주와 구속주, 그리고 거룩하신 하나님이다. 신약 성경에서 보다 새롭게 조명된 하나님의 특성은 자비로운 아버지이다. 예수님은 하나님을 우리에게 아버지로 알려 주셨다. 아버지처럼 우리를 사랑의 대상으로 여기시는 하나님, 먹을 것, 입을 것, 마실 것도 챙겨 주시는 하나님, 우리가 친근하게 그리고 신뢰하면서 가까이 나아가 기도할 수 있고 기도 응답을 보장해 주시는 하나님, 우리가 회개하고 돌아오기를 기다리시는 하나님, 우리를 위해 영원한 유업을 주시는 하나님이다. 예수님은 우리가 하나님을 "우리 아버지"로 부르도록 하셨고, 성령님은 우리가 하나님을 "아빠 아버지"로 부를 수 있게 해 준다.

• 다른 호칭보다 '아버지'가 주는 독특한 의미는 무엇일까요?

정리하며

소리교문답은 하나님의 이름을 습관처럼 특히 속되게 잘못 사용해서는 안 되며, 존경심을 가지고 사용해야 한다고 설명하고 있습니다(소교리문답 제54-56문). 따라서 우리는 하나님의 이름과 명칭을 사용할 때, 한편으로는 경외심을 가지고, 또 다른 한편으로는 신뢰와 사랑의 마음으로 사용해야 합니다. 이름이 존재와 그 속성을 지칭하듯, 하나님의 이름을 부르는 그곳에 하나님이 계신다는 것을 알고 사용해야 합니다.

한 주간 약속

소그룹에서 서로 토의하여 자유롭게 만들어 봅시다.
예) 성경에 나오는 하나님의 호칭, 명칭들 찾아 정리해 보세요.

Lesson 3

하나님의 속성

출애굽기 3:14

찬양을 드리며: 하늘에 가득 찬 영광의 하나님(9장), 다 찬양하여라(21장)

주간 약속 나누기: 한 주간의 약속을 나누고 서로의 모습을 있는 그대로 받아 주세요.

마음열기

하나님께서는 영이시며, 존재하심과 영광과 복되심과 완전하심에 있어서 본래 스스로 무한하십니다. 그래서 하나님께서는 자족하시며, 영원하시며, 불변하시며, 불가해하시며, 어디든지 계시며, 전능하시며, 모든 것을 아십니다. 또한 하나님께서는 지극히 지혜로우시며, 지극히 거룩하시며, 지극히 의로우시며, 지극히 자비로우시며, 은혜로우시며, 오래 참으시며, 선하심과 진실하심이 풍성하십니다. <대교리문답 제7문답>

- 하나님의 속성과 우리의 본성 혹은 성품과 유사점과 차이점은 무엇입니까?

성경과의 만남

우리는 하나님에 관하여 궁금한 것이 많지만, 하나님은 우리의 경험 세계를 초월하신 영이시므로 우리는 잘 알지 못하고 또 잘 알 수도 없습니다. 그럼에도 하나님에 관한 지식은 우리에게 진리를 알게 하고, 인생의 의미를 깨닫게 하고, 구원의 기초가 되고, 행복의 토대가 됩니다. 하나님을 아는 지식이 깊을수록 더 큰 은혜를 경험하게 됩니다. 성경과 교리문서를 기초로 하나님의 신적인 속성, 혹은 신격의 성품을 살펴봅시다.

1. 하나님은 인간 및 동물과 달리 어떤 분이십니까? (요 4:24, 시 102:26-27)

➔ 하나님은 영으로서 몸과 물체가 없으면서도 실재하는 분입니다.

해설 세계 내에 있는 모든 존재는 몸과 물체를 가져야 한다. 우리의 오관으로 몸과 물체를 관찰할 수 없는 것은 실제로는 존재하지 않는 것이다. 그러나 하나님은 '하나님'이고 '영'이다. 몸과 물체가 없으면서도 실재하는 분이다. 그래서 하나님은 인간 및 동물과 달리, 자연법칙에 속박되어 움직여야 하는, 자연법칙의 한계가 없다. 시간의 한계 안에서 생존하고 죽는 존재가 아니어서 하나님은 영원하다. 공간의 한계 안에서 한 장소에 갇히지 않아 하나님은 무한하다. 이 모든 것이 가능한 것은 하나님이 몸이 없는 영이기 때문이다. 또 하나님은 피조물인 인간과 만물처럼 능력이 제한되거나 의존된 존재가 아니다. 그래서 하나님은 자존(自存)하시고, 전능하시고, 그 온전성의 정도가 '지극히' 완전하고 또 충만하다.

- '자존(自存)'한다는 것은 어떤 의미이며, 인간은 왜 자존할 수 없는 존재일까요?

2. 그렇다면 하나님은 단지 허공을 부유하는 존재입니까? (사 45:7, 43:11)

➔ 아닙니다. 하나님은 절대적 주체로서 신격을 가지고 계십니다.

해설 하나님이 신(神) 혹은 영이라는 말은, 인간 개인처럼 주체적 인격으로 존재한다는 뜻이다. 우리는 인간 주체를 인격이라 표현하므로, 하나님의 주체를 신격이라 표현해야 하지만, 이해의 편의를 위해 주체를 뜻하는 말로 인격이라고도 표현한다. 인격은 '나'라는 주체 의식을 가지고 있고, '말'을 하고, 다른 주체들과 교제한다. 그리고 인격적 주체는 지성이 있고, 감정이 있고, 의지를 가지고 행동한다. 그래서 비록 몸(물체)을 가지고 있지 않아 과학적인 방법으로 탐구할 수 없다고 해도, 명백하게 인격적 주체로 존재하며 말하고 교제한다고 하면, 그 주체는 존재하는 것이다. 하나님은 그런 분이다.

하나님은 절대적 주체로서의 영이므로, 거룩하고, 의롭고, 선하다. 지성에 있어 모든 것을 아시고, 지혜가 무궁하다. 감정에 있어 사랑과 분노를 표현한다. 의지에 있어 뜻을 정하시고 약속에 신실하다. 이런 인격 특성에서 인간도 하나님의 인격과 유사한 점이 있으나, 인간은 불완전하고 도덕적으로 추한 반면, 하나님은 완전하고 도덕적으로 온전하여 선하다.

- 하나님의 완전함에 비해 인간의 불완전함은 우리에게 어떤 의미를 줄까요?

3. 하나님을 닮은 인간의 성품은 무엇입니까? (벧후 1:4-7)

➔ 인간은 하나님의 형상으로서 신성한 성품을 부분적으로 반영합니다.

해설 인간은 하나님의 형상이다. 인간은 하나님이 아니므로 초월적인 영이 아니다. 그러나 하나님은 인간을 하나님의 형상, 곧 하나님과 교제하는 주체적 인격(영적 존재)으로 만드셨으므로, 우리는 하나님의 말씀을 듣고, 하나님의 소명에 응하며, 하나님과 교제하고, 하나님을 섬긴다. 하나님의 형상이라는 존재적 특성과 하나님과의 교제가 있으므로, 인간의 인격은 하나님의 인격을 반영하며 부분적이고 제한된 수준이지만 하나님의 인격을 닮는다.

은혜언약 안에서 하나님과 관계가 회복되어 하나님과 교제가 제대로 작동할 때, 그리스도인의 성품은 하나님의 인격을 반영하여 밖으로도 표현된다. 베드로후서 1장 4절은 이를 "신성한 성품"이라 표현하며, 믿음, 덕, 지식, 절제, 인내, 경건, 형제 우애, 사랑 등 구체적 특성들을 열거하였다. 물론 이러한 신성한 성품은 우리의 본성적 특성이 아니라 거룩한 하나님의 온전한 인격을 부분적으로 반영한 것들이다.

- 베드로후서 1장 4-7절에 열거한 '신성한 성품' 특성들을 유사한 것들끼리 분류해 보세요.

정리하며

초월적 영이시며 신격을 가지신 하나님을 자연종교나 인간종교로는 결코 알 수 없습니다. 몸과 물체의 기능을 탐구하는 자연과학 연구 방법으로도 역시 영이신 하나님을 제대로 알 수 없습니다. 오직 성경을 통해서만 완전하신 하나님을 알 수 있으며, 그렇게 하나님을 알게 되고 믿는 사람은 하나님처럼 변화되어 신성한 성품에 참여합니다.

한 주간 약속

소그룹에서 서로 토의하여 자유롭게 만들어 봅시다.

예) 대교리문답 제7문답 내용에서 설명하는 하나님의 속성을 특성에 따라 분류해 보세요.

Lesson 4

창조주 하나님

창세기 1:1, 27-28

찬양을 드리며: 주 하나님 지으신 모든 세계(79장), 다 감사드리세(66장)

주간 약속 나누기: 한 주간의 약속을 나누고 서로의 모습을 있는 그대로 받아 주세요.

마음열기

성부, 성자, 성령 하나님께서는 자기의 영원한 능력과 지혜와 선하심의 영광을 나타내시기 위하여, 태초에 세상과 그 가운데 있는 보이는 것이나 보이지 않는 만물을 엿새 동안 선하게 창조하시기를, 혹은 무로부터 지으시기를 기뻐하셨다. <신앙고백서 제4장, 제1항>

• 나는 하나님의 창조하심을 보며 무엇을 가장 많이 느낍니까?

성경과의 만남

세계 기원의 과학적 탐구는 한계가 있고, 거대이론이란 과학적 추정일 뿐이어서 이런 설명들은 과학자들 안에서도 논쟁점이 계속 있습니다. 우리는 성경의 가르침에 따라 하나님이 창조주임을 믿고, 세계가 하나님의 창조 세계여서 자연의 법칙이 하나님의 법칙임을 인정하기 때문에, 성경의 설명과 과학의 설명이 세계에 대한 다른 관점의 설명이기는 하지만, 모순되지 않는다고 봅니다. 우리는 하나님의 설명을 담은 성경의 설명에 주의를 기울여야 하겠습니다.

1. 성경 전반에 걸쳐 강조되는 주제는 무엇입니까? (창 1:1)

➔ 창세기부터 요한계시록까지 성경 전반에 걸쳐 하나님이 창조주이심이 강조됩니다.

해설 하나님의 천지 창조는 창세기 1-3장뿐만 아니라 욥기, 시편, 전도서, 선지서, 복음서, 서신서, 계시록에 이르기까지 언급되는 성경 전체의 핵심 주제다. 창조 신앙은 기독교 신앙의 출발점이다. 하나님의 창조를 믿지 못하면 믿음의 성장이 어렵다. 창조 신앙은 하나님이 유일신이시고, 세계에 대한 주권을 가지고 계심을 인정하는 것이다. 세속적 세계관과 진화론의 영향으로 아직 창조 신앙을 즉각 수용하기 어렵다면, 내가 알고 있는 진화론을 교리가 아니라 과학의 연구 방법처럼 비판적으로 연구하고, 동시에 성경의 창조기록을 진지하게 연구해 보길 바란다.

• 우리가 만나는 사람들이 기독교의 창조론을 부정하는 이유는 무엇입니까?

2. 하나님은 무엇으로 세상을 창조하셨습니까? (히 11:3)

➔ 성경은 아무것도 없는 무(無)의 상태에서 말씀으로 세상을 창조하셨습니다.

해설 하나님은 이 세계를 말씀으로 창조하셨다. 이는 아무것도 없는 무(無)의 상태에서 말씀으로 처음 생성된 유(有)가 생겨났다는 뜻이다. 기독교의 창조 신앙은 원래부터 자연 세계는 그대로이고 자연의 변동으로부터 생명이 발생하여 진화하여 현재 상태에 이르렀다는 자연주의 신앙과 구분된다. 천지를 만드신 하나님의 말씀은 실재를 구체화하고, 만물의 작동과 기능을 유지하게 하며, 우주적인 그리고 생태적인 질서와 조화를 유지하게 만드는 법(칙)이다.

만물은 창조 질서에 따라 만들어졌고, 마지막에는 창조의 면류관이며 청지기인 인간이 만들어졌다. 하나님은 세계 내의 모든 것을 만드시는 과정을 만족하셨다. “보시기에 심히 좋았더라”라는 말씀은 창조 시점에 세계와 인간은 선한 상태였음을 뜻한다.

• 인간이 ‘창조의 면류관’이자 ‘청지기’라는 것은 어떤 의미이며, 이는 우리에게 어떤 책임을 부여합니까?

3. 하나님께서 천지를 창조하신 목적은 무엇입니까? (롬 11:36)

➔ 하나님 자신의 신성을과 영광을 드러내시기 위해서입니다.

해설 하나님은 누구에게 미리 창조의 이유를 설명하고 허락을 받아야 할 필요가 없으므로, 창세기에 하나님의 창조 목적이 명시되어 있지 않다. 그럼에도 창조의 맥락에서, 그리고 창조의 결과에서, 창조의 목적은 충분히 반영되고 있다. 그리스도인들은 하나님의 창조 목적을 하나님의 영광이라고 말한다. 선하신 하나님이 그분의 놀라운 작품인 세계 창조를 통하여 그분 자신의 신성(神性)을 드러내시고, 세계가 그분의 신성을 반영하여 창조주이신 그분의 영광이 드러나게 하시려는 것이다. 그래서 칼빈은 창조를 “하나님의 영광의 극장”이라고 했다. 이에 따라 소교리문답 제1문답은 사람의 첫째 목적을, “하나님을 영화롭게 하고 영원토록 그를 즐거워하는 것입니다”라고 선언한다.

• 창조 세계에서 하나님의 영광을 잘 반영하도록 우리가 할 수 있는 방법에 대하여 이야기해 봅시다.

4. 하나님이 창조하신 세상을 볼 때 합당한 반응은 무엇입니까? (시 139:14)

➔ 하나님 창조의 경이로움을 감탄하며 하나님을 찬양하는 것입니다.

해설 우리는 광대한 우주를 보든 작은 들꽃을 보든 언제나 신비하고 놀라워 경탄(驚歎)하게 된다. 회복을 고대하며 탄식하는 형편의 자연 세계임에도(롬 8:18-22), 이렇게 경탄함은 인간이 인위적으로 세계를 만들 수 없을 뿐더러 모든 것을 다 설명할 수 없기 때문이다. 창조 세계에 대하여 인간이 느끼는 놀라움은 보편적인 것이므로, 고대 자연주의 세계관을 가진 사람들은 세계 자체가 신성(神性)을 가진 것으로, 혹은 세계 내에 있는 해와 달과 별, 혹은 바다와 산과 강, 자연 현상들을 신으로 여겨 섬겼다. 그러나 세계와 자연은 신성을 가진 것도 아니고 신도 아니다. 하나님의 창조물로서 하나님의 신성을 반영하고 있을 따름이다. 그래서 우리는 경이로운 창조 세계를 보면서 자연을 찬양하는 것이 아니라 시편의 시인들처럼 창조주 하나님을 찬양해야 한다.

- 창조 세계를 보고 언제 크게 경탄했습니까? 그때 창조주 하나님이 경이롭게 느껴졌습니까?

정리하며

우리가 살고 있는 이 세계가 어떻게 존재하게 되었는지 아는 것은 쉬운 문제가 아닙니다. 세상의 지혜자들은 오랜 세월, 문화에 따라 세계의 기원에 대한 여러 가지 설명을 제시했습니다. 그러나 이러한 이론들 역시 추정에 불과합니다. 그와 달리 우리는 성경을 따라 하나님께서 창조주이심을 믿으며 세상을 창조하신 하나님을 찬양합니다.

한 주간 약속

소그룹에서 서로 토의하여 자유롭게 만들어 봅시다.

예) 창세기 1-2장을 읽고 창조 과정 서술에서 인상적인 부분을 이야기해 봅시다.

Lesson 5

구원하시는 하나님과 작정

에베소서 1:3-7

찬양을 드리며: 그 크신 하나님의 사랑(304장),
찬송으로 보답할 수 없는(40장)

주간 약속 나누기: 한 주간의 약속을 나누고 서로의 모습을 있는 그대로 받아 주세요.

마음열기

하나님의 작정들은 지혜와 자유와 거룩함으로 자기 협의를 결정하시는 행위인데, … 자신의 영광을 위하여 영원부터 일어나는 모든 일들, 특히 천사들과 사람들에 관한 것들을 불변하게 예정하셨습니다 … 적절한 때에 나타날 자신의 영광스러운 은혜를 찬미하게 하시려고 자신의 순전한 사랑에서 비롯된 영원불변하신 작정으로 … 그리스도 안에서 어떤 사람들을 택하여 영생에 이르게 하시되 그 방법까지 택하셨습니다. … 자기의 틀림없는 예지와 자기 의지의 자유롭고 변함없는 협의를 따라 그렇게 하십니다. <대교리문답 제12-14문답>

• 나의 구원이 하나님의 작정(예정) 안에 포함되었다는 말을 들을 때 어떤 생각이 듭니까?

성경과의 만남

하나님이 하신 일 가운데 정말 놀라운 일은 우리의 구원을 이루신 일입니다. 하나님은 아브라함의 후손 히브리 백성의 하나님이 되셔서 그들을 애굽의 압제로부터 구원하셨습니다. 또한 우리의 구원도 미리 작정하셔서, 구원자 예수 그리스도를 통해 우리의 구원을 이루시고, 성령을 통하여 우리를 구원하십니다.

1. 타락한 인간을 끝까지 구원하시는 분은 누구입니까? (출 20:1-2)

➔ 모든 시대 모든 순간 가운데 하나님께서 길을 여시고 자기 백성을 구원하셨습니다.

해설 아담과 하와가 범죄한 이후, 은혜 언약으로 구원의 길을 여신 하나님은 때가 되어 모세를 통해 하나님의 백성을 구원하여 하나님이 직접 통치하는 백성으로 세우셨다. 하나님은 시내산에서 하나님의 뜻을 명확하게 드러낸 십계명을 주실 때, 먼저 그분이 구원자 하나님이심을 선포하셨다. 이후 이스라엘 백성은 광야에서 환경의 어려움과 대적들의 침공을 겪었고, 가나안 정복 시기에 가나안 사람들과의 오랜 전쟁을 피할 수 없었다. 가나안 정착 이후에도 블레셋을 비롯한 대적들의 침략과 압제를 경험했다. 그처럼 어려운 조건 속에서도 하나님은 구원자 하나님으로서 자기 백성을 구하시고 보호하셨다. 시편은 종종 여호와 하나님이 구원자 하나님이심을 찬양하고 있다(예: 시 136:10-26).

• 구원 역사의 시작과 중심과 마지막은 무엇인지 의견을 나누어 봅시다.

2. 언제부터 인간이 비참한 운명이 되었습니까? (엡 2:1-2)

➔ 첫 사람 아담과 하와가 불순종하여 죄를 범한 때부터입니다.

해설 하나님은 첫 사람을 의롭고 선하고 아름다운 존재로 만드셨고, 하나님의 청지기로 삼아 창조 세계를 관리하게 하셨다. 그럼에도 아담과 하와는 하나님과 같이 되려는 욕심에서 불순종의 죄에 빠졌다. 행위 언약에서 하나님이 말씀하신 것처럼 죽음이 찾아왔다. 하나님과의 언약 관계에서 아담은 인류의 대표였다. 아담의 범죄 이후, 인류의 마음도 아담처럼 반역적 욕심과 죄의 노예가 되었고, 인류의 삶은 죄가 초래하는 혼란과 하나님의 심판의 결과인 저주와 예상된 심판 아래에서 비참한 운명이 되었다.

• 아담과 하와가 하나님과 같이 되려는 욕심을 품게 된 이유는 무엇일까? 이 욕심이 현대 사람들에게는 어떤 모습으로 나타날 수 있을까?

3. 타락한 인간을 위한 구원 계획은 누가 세우셨습니까? (엡 2:4-5)

➔ 하나님께서 은혜언약을 마련하시고 계획대로 예수 그리스도를 보내어 구원하셨습니다.

해설 하나님은 인간의 구원을 위해 새로운 언약, 곧 은혜 언약을 마련하시고, 그에 따른 구원 계획을 세우셨다. 하나님은 우리를 미리 선택하시고, 예수 그리스도의 대속을 통하여 구원하려 하셨다. 예수님의 십자가와 부활은 은혜 언약에 따른 구원의 방법으로서 하나님이 친히 마련하신 사건이다. 하나님은 그리스도의 십자가와 부활로 확보된 의를 성령을 통해 우리에게 적용하여 우리를 구원하신다. 이렇게 우리는 믿음으로 그리스도 안에서 은혜 언약의 구원을 누리게 되었으므로, 아담 안에 있는 인류의 일원으로서 진노의 심판 아래 놓여 있던 운명에서 풀려나, 하나님께 속한 권속, 곧 하나님의 자녀가 되었다 (엡 2:19).

- 십자가 죽음과 부활이 우연히 일어난 일이 아니라 계획된 사건이라는 점이 어떻게 다가옵니까?

4. 하나님의 작정에 대해 더 자세히 알려면 무엇을 보아야 합니까?

➔ 대교리문답은 하나님의 작정에 대한 성경의 가르침을 잘 정리했으므로 대교리문답을 보아야 합니다.

해설 하나님의 작정들은 지혜와 자유와 거룩함으로 자기 협의를 결정하시는 행위인데, 그것으로써 하나님께서 자신의 영광을 위하여 영원부터 일어나는 모든 일들, 특히 천사들과 사람들에 관한 것들을 불변하게 예정하셨습니다. <대교리문답 제12문답>

하나님께서는 적절한 때에 나타날 자신의 영광스러운 은혜를 찬미하게 하시려고 자신의 순전한 사랑에서 비롯된 영원불변하신 작정으로 … 그리스도 안에서 어떤 사람들을 택하여 영생에 이르게 하시되 그 방법까지 택하셨습니다. <대교리문답서 제13문답>

하나님께서는 창조와 섭리하시는 일로 자기의 작정들을 수행하시되, 자기의 틀림없는 예지와 자기 의지의 자유롭고 변함없는 협의를 따라 그렇게 하십니다. <대교리문답 제14문답>

위의 대교리문답은 작정이 무엇인지, 그리고 인간에 대한 작정이 무엇인지, 어떻게 작정을 이루시는지 간단히 설명한다. 이러한 지식은 우리에게 흔들림 없는 구원의 확신을 준다.

• 구원 작정 교리의 유익은 무엇입니까?

정리하며

작정에 관한 지식에서 하나님은 우리에게 필요하고 유익한 것만을 성경에 밝혀 두셨습니다. 성경에 밝혀 두신 의도는, 우리의 호기심을 충족시켜 주려는 것이 아니라, 우리 구원이 하나님의 영원한 작정에 따라 이루어진 것임을 알리심으로써 우리가 구원의 완전한 실현을 확신하고 감사하도록 하기 위함입니다. 우리가 예상하지 못한 어려운 형편도 그분의 작정 안에 있으므로 우리는 흔들림 없이 하나님의 구원을 확신할 수 있습니다.

한 주간 약속

소그룹에서 서로 토의하여 자유롭게 만들어 봅시다.

예) 하나님의 작정에 대하여 오해하는 사람들에게 어떻게 설명할 수 있을지 생각해 보기.

Lesson 6

세상을 다스리시는 하나님

창세기 1:27-28

찬양을 드리며: 하늘에 가득 찬 영광의 하나님(9장), 주 우리 하나님(14장)

주간 약속 나누기: 한 주간의 약속을 나누고 서로의 모습을 있는 그대로 받아 주세요.

마음열기

하나님께서는 만물의 위대한 창조주로서 자기의 지극히 지혜롭고 거룩하신 섭리로 자기의 지혜, 능력, 공의, 선하심과 자비의 영광이 찬양을 받도록 자기의 무오한 예지와 자기 뜻의 너그럽고 불변하는 협의를 따라, 모든 피조물과 행사들과 일들을 가장 큰 것에서부터 가장 작은 것에 이르기까지 보존하시고, 인도하시고, 조정하시고 다스리신다. <신앙고백서 제5장 제1항>

- 자연 환경이 유지되고 우리 몸이 건강하게 작동하는 일상이 기적이라는 말에 대해 어떻게 생각합니까?

성경과의 만남

하나님은 자연신론자들의 생각처럼 창조 이후 세계가 자연 법칙에 따라 작동하도록 내버려두고 무관심한 분이 아닙니다. 오랜 인간 역사 동안 세상의 주인으로 여겨지는 이들이 많았습니다. 고대 사회의 왕, 민주사회에서 시민과 대표자, 기업의 이사, 돈 많은 기득권 층 등입니다. 그러나 성경에 따르면 이 세계를 만드셨고, 소유권을 행사하며 다스리는 세계의 주인은 하나님입니다. 하나님께서 이 세상을 다스리는 일을 표현하는 용어가 섭리(攝理)입니다.

1. 예수님은 하나님을 어떤 분으로 말씀하셨습니까? (요 5:17)

➔ 예수님은 하나님을 일하시는 분이라 말씀하셨습니다. 하나님은 세상을 다스리시는데, 이를 섭리라 부른다.

해설 예수님은 하나님을 일하시는 분이라 말씀하셨다. 하나님은 세계가 자연법칙에 따라 작동하게 두면서도, 세상이 그분의 뜻을 이루도록 세심하게 개입하여 다스리신다. 사람들은 재난과 질병이 계속되고, 악한 자들의 잔혹한 살상 행위와 폭행으로 약자들이 고통을 겪고, 압제자와 악인이 심판받지 않고 잘 살아가는 것을 볼 때 하나님의 살아계심과 일하심을 부정한다. 경험하는 사건마다 그 사건 배후에 있는 하나님의 생각과 목적을 다 설명할 수는 없다. 그럼에도 궁극적으로 모든 일이 하나님의 뜻대로 될 것이며 선한 결과에 이를 것이므로 하나님의 섭리를 경이롭다고 한다(롬 11:33, 36).

• 하나님의 다스리심을 경험한 일이 있으면 이야기해 보세요.

2. 하나님이 아담에게 주신 명령은 무엇입니까? (창 1:28)

➔ 세상을 잘 가꾸고 다스리라는 명령입니다. 이를 흔히 "문화명령"이라 부릅니다.

해설 이 말씀은 이 세계를 만드신 하나님이 아담에게 주신 명령이다. 이 명령을 흔히 "문화명령"이라고 부른다. 인간이 하나님을 섬기는 활동으로 자연을 가꾸고 이용하고 창의적으로 만들어가는 유형, 무형의 모든 산물을 '문화'라고 보고, 인간이 세상에서 수행해야 할 명령이란 뜻이다. 문화명령의 범위는 세계적이고, 삶의 모든 분야와 영역을 포괄하고 있다. 인간은 자신의 일을 통하여 하나님의 다스림에 참여하고, 하나님을 섬긴다. 이런 성경적 이해를 기초로 종교개혁자들은 교회의 성직만 소명으로 본 것이 아니라 사회 내의 모든 건전한 직업과 일도 소명으로 보았다.

• 혹시 나는 '교회 일은 선, 세상 일은 악'이라는 이분법 사고를 가지고 있지는 않습니까?

3. 하나님의 섭리란 무엇입니까?

➔ 하나님께서 거룩함과 지혜와 능력으로 세상을 보존하시며 다스리시는 것입니다.

해설 하나님의 섭리의 사역은 소교리문답 제11문답이 요약한 대로, “그의 모든 피조물들과 그 모든 행동들을 그의 지극하신 거룩함과 지혜와 능력으로 보존하시며 다스리는 것”이다. 하나님의 다스리심은 주권적이지만 일방적인 것이 아니었다. 자유의지를 가지고 자발적으로 하나님을 섬겨 문화를 창출해 갈 수 있는 역량 있는 존재로 인간을 만들었다. 그래서 하나님은 인간에게 언약의 방식으로 하나님의 다스림에 참여시키셨다. 인간은 하나님의 청지기로서, 하나님이 금지하신 것을 금하고, 하나님이 뜻하시는 바에 머물러 있기를 기대 받았다. 금지한 행위만 아니면 하나님이 주시는 생명과 복을 누리며 하나님의 다스림을 반영하는 문화명령을 수행할 수 있었다. 하나님의 섭리는 인간을 대우하신 방식이었다.

- 하나님의 섭리를 도무지 이해하기 어려울 때는 어떻게 해야 할까요?

4. 오늘날 문화명령을 어떻게 수행할 수 있을까요?

➔ 복음이 강조하는 생명과 자유, 하나님 나라가 강조하는 사회적 정의와 평화를 추구함으로써 수행합니다.

해설 타락한 인간의 문화 활동은 하나님의 다스림을 반영하지 못하고, 근대 이전까지는 여러 문화에서 자연 숭배적인 우상 숭배 방식으로 표현되었다. 근대 이후에는 자연 지배적인 인간 숭배 방식으로 표현되고 있다. 근대 이후의 문화 활동은 과학과 기술의 발전에 기반한 경제발전을 주도하였고, 그 결과 한편으로 인간의 삶은 크게 개선되었다. 하지만 자의대로 자신의 탐욕에 따라 자기 이익을 추구함으로써 자연환경을 대상물로 여겨 과도하게 개발하고, 과도하게 생산하고, 과도하게 소비하였다. 그 결과 현대인은 환경을 크게 훼손하여, 생태계 변화가 미래의 삶을 위협하기에 이르렀다. 그리스도인들은 그리스도의 지상명령으로 문화명령을 새롭게 수행하는 사람이 되었다. 그래서 그리스도인은 복음이 강조하는 생명과 자유, 하나님 나라가 강조하는 사회적 정의와 평화를 추구함으로써, 하나님의 다스림에 참여한다.

• 우리 구역 또는 교회가 수행할 문화명령은 무엇입니까?

정리하며

하나님은 창조 세계를 하나님이 보시기에도 좋았을 정도로 선하고 아름답게 만드셨습니다. 그러나 인간의 타락 이후, 인간의 죄에 대한 심판은 인간의 삶에 관련된 자연도 저주와 심판을 반영하는 결과를 불러왔습니다. 그러나 하나님이 마련하신 은혜언약으로 구원받고 회복되었습니다. 그리스도인은 하나님의 자녀로 하나님의 통치에 참여하고, 그리스도 안에서 세상을 다스리는 왕적 직분에도 참여함으로 문화명령을 수행하고 있습니다.

한 주간 약속

소그룹에서 서로 토의하여 자유롭게 만들어 봅시다.

예) 하나님의 다스림에 참여하는 구체적인 방법 생각해서 말하기.

Lesson 7

삼위일체 하나님

마태복음 3:16-17; 28:19-20

찬양을 드리며: 거룩 거룩 거룩 전능하신주(8장), 찬양 성부 성자 성령(2장)

주간 약속 나누기: 한 주간의 약속을 나누고 서로의 모습을 있는 그대로 받아 주세요.

마음열기

하나님의 신격에는 성부, 성자, 성령 삼위가 계십니다. 그리고 이 삼위는 참되시고 영원하신 한 분 하나님이시며, 각 위의 고유성은 서로 구별될지라도 그 본질은 같으시며, 그 능력과 영광에 있어서는 등등하십니다. 성부의 고유성은 성자를 낳으심이며, 성자의 고유성은 성부에게서 나심이며, 성령의 고유성은 영원 전부터 성부와 성자에게서 나오심입니다. 성경이, 하나님께만 고유한 이름들과 속성들과 일들과 예배를 성자와 성령에게도 돌림으로써, 성자와 성령이 성부와 등등한 하나님이신 것을 나타냅니다. <대교리문답 제9-11문답>

• 삼위일체에 대하여 내가 아는 만큼 나누어 봅시다.

성경과의 만남

삼위일체 하나님은 하나님에 관한 교리 가운데 가장 이해하기 어려운 내용입니다. 우리가 하나님의 존재 방식을 이해하기 어려운 이유는 우리의 경험 세계에서 유사한 사례를 볼 수 없기 때문입니다. 그럼에도 하나님의 삼위일체 존재 방식은 하나님의 실제 존재 방식이며 우리의 구원에도 대단히 중요합니다. 삼위일체 교리는 성경으로부터 귀납적으로 이해해야 합니다.

1. 성경 가운데 삼위일체가 드러나는 곳은 어디입니까?

➔ 마태복음 3:16-17, 28:19-20, 고린도후서 13:13입니다.

해설 1) 예수님의 세례 사건(마 3:16-17): 성자이신 예수께서 그리스도로서 사역을 시작할 즈음 성부 하나님은 하늘의 음성으로 예수님이 성자 하나님이심을 인정하였고, 성령 하나님은 비둘기 모양으로 성자 위에 내려오셔서 예수님이 그리스도 되심을 확인하셨다. 이 장면에서 성부, 성자, 성령은 나란히 독립적 신격(인격)임을 드러내셨다.

2) 예수님의 마지막 명령(지상명령, 마 28:19-20): 부활하신 예수님께서 제자들에게 성부와 성자와 성령의 이름으로 세례를 베풀게 하셨다. 이름은 존재의 인격을 지칭한다는 의미에서 이 새로운 방식은 예수님이 삼위일체 교리를 확인하신 셈이 된다.

3) 바울 사도의 축도(고후 13:13): 사도 바울은 고린도 교회를 향한 끝 인사에서 삼위 하나님의 이름을 나란히 기록하였다. 이후 이 축도는 교회 예배의 대표적인 축도 문구가 되었다. 삼위일체 교리는 사도와 초대교회가 성경의 가르침으로 받아들이고 있었던 것임을 확인할 수 있다.

• 세 가지 예시 중 가장 인상 깊은 구절은 무엇입니까?

2. 삼위일체에 대해 흔히 가지는 오해는 무엇입니까?

➔ 양태론, 종속설 삼신론으로 불리는 오해들입니다.

해설 삼위일체는 고대교회가 가장 먼저 확인해 준 성경적 가르침이다. 고대교회의 3가지 신경인 사도신경, 니케아신경, 아타나시우스신경은 모두 삼위일체 교리를 확립하고 있다. 참된 교회는 세례받아 그리스도인이 되는 것, 참된 기독교 신앙을 가졌는지 등을 구분하기 위해 삼위일체 하나님에 관한 신경을 표준으로 삼았다. 삼위일체에 대한 곡해와 변형, 삼위일체를 모욕하는 사람과 집단은 잘못된 교리를 따르는 이단으로 여겨졌다. 기독교의 역사에 등장하였던 삼위일체 하나님에 대한 잘못된 가르침들은 주로 양태론, 종속설, 삼신론입니다. 간략하게 정리하면 다음과 같다.

(1) 양태론: 성부 성자 성령 하나님이 모두 완전한 신적(神的)

본질을 가진 분으로 생각하지만, 삼위 안에서 각각 영원히 존재하심은 부인한다. 삼위 하나님은 한 분으로, 삼위를 한 하나님의 다른 양태로 생각한다. 흔히 구약 시대에는 성부, 신약 시대에는 성자, 교회 시대는 성령의 양태로 변화되었다고 생각한다. 이런 이론은 삼위 하나님이 동시에 임하신 예수님의 세례 사건(마 3:13-17; 눅 4:21-22), 그리고 삼위가 나란히 언급된 구절들을 설명할 수 없다.

(2) 종속설: 삼위 하나님을 믿지만 삼위 하나님의 동등성을 부인한다. 그들은 삼위일체가 다신론으로 나갈 수 있는 위험이 있다고 보고, 예수 그리스도를 하나님과 인간의 중간 지위에 두고, 성령 하나님은 성부에게만 연결한다. 이 이론은 예수님을 하나님으로 증언하는 요한복음을 비롯한 복음서의 설명과 조화되지 못한다.

(3) 삼신론: 독립적인 삼위 하나님을 믿고 삼위의 동등성을 믿지만, 한 하나님 곧 하나님의 유일성을 부인한다. 이 이론은 성경이 강조하는 유일하신 하나님과 조화되지 못한다.

• 혹시 내가 잘못 알고 있던 삼위일체 가르침은 무엇입니까?

3. 삼위 하나님은 단지 모든 사역을 함께하기만 하셨습니까?

➔ 삼위 하나님은 모든 사역에 함께 참여하셨지만 사역에 있어서는 대표성이 있습니다.

해설 삼위일체 하나님은 각각 독립적 신격이면서 고유한 사역을 수행하였다. 모든 사역에 삼위가 함께 참여하지만, 사역에 대표성이 있다. 간략하게 정리하면 다음과 같다.

(1) 성부 하나님: 하나님은 천지를 창조하셨고, 주권을 가지고 이 세계를 다스리신다. 은혜언약의 구원을 계획하여 성자 예수 그리스도를 구원자로 보내셨고, 예수님을 부활하게 하셨고, 하나님 보좌 우편에 앉게 하셨다.

(2) 성자 예수님: 성령으로 잉태되어 인간의 몸으로 오셨다. 구원자 그리스도로서 십자가에서 대속적 죽음으로 우리를 구속하셨다. 부활 승천하여 하나님 우편에서 온 세상을 통치하시고, 장차 재림주로 오실 것이다.

(3) 성령 하나님: 하나님의 말씀을 알리시는 진리의 영이고, 예수 그리스도의 구원 효력을 적용하여 실현하시는 구원의 영이며, 교회를 세워 은사와 직분과 사역을 통해 일하시는 교회의 영이다. 우리 안에 내주하시면서 성경을 깨닫게 하시고, 믿음을 갖게 하시며, 성화의 길로 안내하고 믿음을 견고하게 하신다.

• 성부, 성자, 성령 하나님의 대표 사역은 무엇입니까?

정리하며

성경에는 성부와 성자, 성부와 성령, 성자와 성령이 함께 언급된 부분이 아주 많고, 성부와 성자와 성령이 상호 대체되어 언급된 부분도 아주 많습니다. 따라서 이 모든 구절을 근거로 추론할 수 있는 삼위일체 교리는 성경적 교리입니다. 결코 교회가 지어낸 거짓 교리가 아닙니다. 삼위일체 교리는 성경에 기초한 교리이며 성도에게 그 무엇보다 중요한 교리입니다.

한 주간 약속

소그룹에서 서로 토의하여 자유롭게 만들어 봅시다.

예) 삼위일체 교리에 관한 웨스트민스터 신앙고백서, 대교리문답, 소교리문답 읽기.

Lesson 8

우리와 함께하시는 하나님

마태복음 28:19-20

찬양을 드리며: 슬픈 마음 있는 사람(91장), 온 세상 위하여(505장)

주간 약속 나누기: 한 주간의 약속을 나누고 서로의 모습을 있는 그대로 받아 주세요.

마음열기

성도의 견인(堅忍)은 그들의 자유의지가 아니라 하나님의 선택 작정의 불변성에 달려있다. 즉 이 불변성은 성부 하나님께서 값없이 베푸시는 변치 않는 사랑으로부터 나오며, 예수 그리스도의 공로와 중보(中保)의 효력에 기초하고 있고, 성령의 내주(內住)와 그들 속에 있는 하나님의 씨의 내재(內在), 그리고 은혜언약의 본질에 의존한다. 이 모두로부터 성도의 견인의 확실성과 무오성(無誤性)이 비롯된다. <신앙고백서 제17장, 제2항>

- 세상 끝날까지 너희와 항상 함께 있으리라는 주님의 말씀이 위로가 된 때가 있습니까?

성경과의 만남

우리는 지금까지 하나님에 관한 교리를 배웠습니다. 하나님의 존재, 하나님의 이름, 하나님의 속성은 지식에 그쳐서는 안 됩니다. 하나님에 관한 지식은 우리 신앙과 삶에 구원과 은혜와 풍성한 삶의 원천이 됩니다. 2단원의 마지막에서 "우리와 함께하시는 하나님"을 살펴봄으로써 하나님에 관한 교리 학습을 마무리하고 다음 단원으로 넘어가려 합니다.

1. 마태복음 1장과 28장에서 무엇이 강조됩니까? (마 1:23)

➔ 마태복음 처음과 마지막에서 하나님이 우리와 함께하시는 임마누엘 신앙이 강조됩니다.

해설 마태복음은 시작인 1장과 마지막인 28장에서 임마누엘 신앙, 곧 하나님이 우리와 함께 계심을 강조하고 있다 (마 1:23; 28:19-20). 물론 임마누엘 신앙은 마태복음에만 언급된 것이 아니라 성경 전체에 흐르는 물줄기와 같다. 하나님께 배역하는 죄를 지은 인간은 하나님을 떠났다. 그러나 하나님은 인간을 찾아오셨고, 그리스도 안에서 우리와 함께 계신다. 구약 성경 창세기 3장 15절에서 은혜 언약을 제시하신 이후, 구세주가 오신다는 예언이 약 300번 언급될 정도이며, 은혜 언약은 임마누엘에 맞추어져 있다. 신약 성경에서 임마누엘은 예수님과 더불어 더 구체화된다. 예수님은 하나님의 백성과 함께 땅에 계시면서 하나님의 임재와 통치를 뜻하는 하나님 나라를 경험하게 하셨다. 죄인과 병자를 사죄하시고 고치시고 친히 화목제물이 되시는 제사장의 일로, 하나님의 말씀과 진리와 복음을 가르치는 선지자의 일로, 하나님 나라가 임하여 영적 통치를 시작하셨다.

- '임마누엘' 가르침은 우리에게 어떤 유익이 있습니까?

2. 부활하신 예수님이 제자즐과 교회에 주신 명령은 무엇입니까? (마 28:19-20)

➔ 예수님은 제자들과 교회에 임마누엘의 복음 전파 및 교육을 명령하셨습니다.

해설 예수님께서는 부활 이후에도 여러 차례 제자들을 가르치셨다. 특히 부활하신 예수님은 제자들과 교회에, 예수님이 하나님의 아들로서 그리스도로서 실행하시는 대속 사역과 하나님 나라 통치, 곧 임마누엘의 복음 전파(교육)를 명령하셨다. 이는 단순히 전도와 선교만이 아니라 교육까지 포괄하는 명령이다. 예수님은 제자들이 실행할 복음 전파(교육) 활동에도 임마누엘이 실현될 것임을 선언하셨다. 마태복음 28장 20절에 기록된 임마누엘 말씀은, 단순한 약속의 미래형이 아니라, 실제로 현재부터 지속될 일을 선언하신 직설법의 현재형이다. 복음서에 이어 사도행전을 읽어보면, 임마누엘은 성령님이 오셔서 교회에 역사하시는 것으로 실현되었음을 알 수 있다. 성령님은 교회를 세우시고 교회에 은사와 직분과 사역을 일으켜 복음 전파와 교육에 영적 능력을 부여하신다. 성령님은 성도들과 내주하시면서 구원을 실현하신다.

- 복음 전파와 교육에서 하나님이 함께하시면 어떤 일이 일어날까요?

3. 누가 우리에게 임마누엘의 삶을 이루십니까? (요 14:16-17)

➔ 예수님이 보내신 성령님께서 우리에게 임마누엘을 실현하십니다.

해설 예수님은 승천한 후 성부 하나님께 구하여 성령님을 보내실 것이며, 그분이 영원토록 제자들 안에 내주하고 함께하실 것이라고 예고하셨다. 성령님은 마치 예수님이 대언자(보혜사)의 일을 하신 것처럼, "또 다른 보혜사(대언자)"라고 하셨다. '보혜사'라는 표현 때문에 혼동하지 않도록, 보혜사를 "진리의 영" 혹은 "성령"이라 명시하셨다. 보혜사(대언자)로서 성령님이 하시는 일은 예수님과 진리를 알려 주고, 가르치고, 생각나게 하고, 책망하고, 인도하는 역할이라고 설명해 주셨다.

예수님의 말씀처럼 오순절에 성령님이 오셨다. 성령님은 교회의 영으로서 교회와 함께하시며, 구원하시는 영으로서 성도들 안에 내주하며 함께하신다. 성령님은 교회의 예배와 교육과 교제와 봉사와 선교에 임마누엘을 실현하시는 분이다. 성령님은 그리스도의 이름으로 모여 기도하고 교제하고 전도하는 우리 구역 모임에도 임마누엘이 실현되게 하신다. 또한 가정 예배나 개인 말씀 묵상과 기도와 찬양에도 임마누엘을 실현하신다. 성령님을 통한 임마누엘의 실재는 성화의 삶을 가능하게 하고, 시련과 시험에도 인내(견인)하게 하는 힘이다.

- 교회생활과 개인의 삶에서 임마누엘을 경험해 본 일이 있으면 이야기해 봅시다.

정리하며

구약 시대에서 임마누엘은 특별한 사람, 특별한 시대, 특별한 방법으로 경험되었습니다. 예수님이 오신 후로는 예수님의 제자들과 예수님의 그리스도 사역 범위 안에서 경험되었습니다. 그러나 부활하시고 승천하신 예수님이 성령님을 보내신 후로는 온 교회의 사역과 성도들이 삶에서 임마누엘을 경험합니다. 하나님께서 우리에게 주신 큰 복입니다.

한 주간 약속

소그룹에서 서로 토의하여 자유롭게 만들어 봅시다.

예) 우리와 함께하시는 하나님에 대한 이해를, 다른 종교의 신들, 혹은 현대인의 무신론과 비교해 보고 생각을 함께 나누어 보세요.

3단원

사람은 어떤 존재인가?

사람이 (혹은 나 자신이) 어떤 존재인가를 아는 것은 신앙에 있어 매우 중요한 문제입니다. 자신이 어떠한 존재인지 깨닫지 못하면 온전한 믿음을 가질 수 없습니다. 인간은 하나님의 형상대로 지음 받았으며 특별한 사명을 받았습니다. 그러나 인간은 하나님을 배역하여 죄를 범하였고 그 결과 죽을 수밖에 없는 존재가 되었습니다. 그럼에도 하나님은 은혜언약으로 구원의 길을 제시하셨습니다. 은혜언약에 따라 예수 그리스도를 믿는 사람들은 누구든지 예수 그리스도 안에서 영적으로 회복된 새로운 존재가 됩니다. 그리스도인들은 하나님의 통치를 경험하면서 하나님 나라 시민으로 살아갑니다. 이처럼 창조, 타락, 구속의 과정에서 인간을 이해해야만 인간의 본질을 깨닫고, 참 신앙을 유지하고, 의미 있는 삶을 살아갈 수 있습니다.

Lesson 1

하나님의 형상

창세기 1:27-28

찬양을 드리며: 영광의 왕께 다 경배하며(67장), 오 만세 반석이신(74장)

주간 약속 나누기: 한 주간의 약속을 나누고 서로의 모습을 있는 그대로 받아 주세요.

마음열기

하나님께서 다른 만물들을 창조하시고 나서, 사람을 남자와 여자로 이성적이고 불멸적인 영을 구비하도록 창조하시고, 자기 형상을 따라 지식과, 의와 참 거룩함으로 입히시어 저들의 마음에 하나님의 법을 기록하시고 그것을 수행할 수 있는 힘도 주셨다. 그러나 변할 수 있는 그들의 의지가 자유를 허락 받음으로 범죄할 가능성 아래 있었다. 그들의 마음에 기록된 이 법 외에도 그들은 선악의 지식을 알게 하는 나무를 먹지 말라는 명령을 받았다. 이 명령을 지키는 동안, 저들은 하나님과 사귀면서 복락을 누렸고, 만물을 다스렸다. <신앙고백서 제4장, 2항>

• 나는 인간을 누구라고 생각합니까?

성경과의 만남

기독교 교리에서 신론(神論)에 이어 나오는 주제는 인간론입니다. 하나님을 알아야 인간을 알 수 있고, 인간이 누구인지 알면 기독교 종교(하나님과의 관계)와 신앙의 의미를 알 수 있습니다. 인간은 자기 스스로 있는 존재가 아니라 하나님의 창조로 존재합니다. 성경을 통하여 처음 인간은 어떻게 창조되었는지, 그리고 인간의 특별한 존재 특성은 무엇인지 살펴봅시다.

1. 성경이 말하는 인간의 기원은 어디입니까? (창 1:26-27)

➔ 성경은 하나님께서 인간을 하나님의 형상대로 지으셨다고 말합니다.

해설 인간은 현재 지구상에서 가장 두드러진 존재이지만, 근본적으로 자신의 지성만으로는 인간의 기원을 명확하게 알 수 없다. 첫 인간의 기원 시점에서 지금까지 생존해 있는 사람이 없고, 첫 인간조차도 자신의 기원을 관찰할 수 없었기 때문이다. 인간은 단지 추론에 의거해 인간의 기원을 설명하려고 노력해 왔을 뿐이다. 근대 이후 많은 사람이 감각적 인식에 기초하고, 현세의 자연법칙으로부터 추론하여 인간의 자연 발생과 진화 과정을 설명하려 했다. 그러나 여전히 과학적 증거로 인간의 고도 진화와 고등한 지적 역량을 명확히 증명하지 못하고 있다. 이는 생물학적 설명으로는 인간의 지성적, 문화적, 도덕적, 영적인 역량과 역사적 산물을 설명하는 데 한계가 있기 때문이다. 인간의 자아, 생명의 존엄성, 인권, 자유, 평등, 정의, 평화 등은 자연적(과학적) 근거를 가진 것이 아니다. 반면, 성경은 하나님이 세계 창조의 마지막에 인간을 다른 만물과 구별하여, 하나님의 형상으로, 특별한 일을 위해 창조하셨다고 간명하게 설명한다.

• 성경의 가르침과 비교할 때 인간 존재에 대한 과학의 설명이 어떻게 다가옵니까?

2. 하나님의 형상이란 무슨 의미입니까? (창 1:27, 2:7)

➔ 인간이 하나님의 특성(성품)을 반영하며 드러낸다는 의미입니다.

해설 하나님은 인간을 그분의 형상대로 창조하셨다. 그 창조의 방법은, 인간이 창조 세계 안에서 살아가야 할 피조물이므로 생태계 안의 모든 생물이 공유하는 특성을 갖도록 "흙으로" 지으셨다는 점에서 설명된다. 인간의 몸은 생물로서의 특성을 가지고 있다. 생명을 주어 살아 기능하게 하는 것은 하나님이 성령으로 부여한 생기이다. 하나님은 생태계의 모든 생물에게 생기를 주셨지만, 인간에게는 다른 만물과 구별된 특별한 방법으로 위로부터 생기를 불어넣어 영적 존재로 살아가게 하셨다. 그래서 인간은 이성적이고 도덕적이며 영적인 영혼의 존재라고 할 수 있다.

생태계 내 신체를 가진 생물들과 달리, 하나님은 영이시므로

“하나님의 형상”이라는 표현이 인간이 하나님의 형태와 모습을 가지고 있다는 뜻은 아닐 것이다. 하나님의 형상이라는 표현에서, 인간은 하나님 실체가 아니라 그 실체를 드러내는 “형상”이므로, 인간이 하나님의 특성(성품)을 반영하고 있다는 뜻으로 보아야 할 것이다. 그래서 인간 자신은 명백하게 하나님이 아니지만, 하나님의 “형상”이므로 하나님의 속성(성품)인 참 지식, 의, 거룩함을 피조물 수준에서 반영함으로써 하나님의 존귀와 영광을 나타내는 일을 하게 될 존재라는 것이다. 그러므로 하나님을 형상하는 일이 인간의 과제이기도 하다. 인간이 하나님을 섬기며 하나님의 뜻을 실행할 때, 인간을 통하여 보이지 않는 하나님이 반영될 것이다.

- 내가 생각하는 인간의 정의는 무엇입니까? 그 정의와 성경이 말하는 정의와는 어떤 차이가 있습니까?

3. 본래 한 공동체로 계획되었던 인류의 운명은 어떻게 되었습니까? (창 1:26-27)

➔ 타락한 인류는 하나 됨을 이루지 못했지만 은혜언약에 따른 구원이 효력을 발휘한 후로는 예수님 안에서 하나 됨을 이룹니다.

해설 아담은 첫 인간이면서 인류의 대표자였다. 하나님은 아담 안에서 모든 인류를 한 공동체로 여기신다. 하와가 아담으로부터 나왔고, 그 이후의 인류가 모두 아담 안에 있다는 점에서, 인간은 남자이든 여자이든, 성인이든 유아이든, 피부색과 무관하게 하나님 형상의 지위와 가치와 과제에 있어서 동등한 존재이다.

타락 이후의 인류 역사를 보면, 권력에 따라 남녀의 성과 사회적 계급에 등급을 부여하여 개인과 집단을 나누고, 그 차별을 문화로 확립하여 정당화했다. 또한, 진화론에 대한 관심이 커지면서 근대 유럽 사람들은 진화론을 바탕으로 아프리카, 오세아니아, 아시아의 문화적 수준이 낮은 원주민들을 유인원에 가까운 부류, 혹은 덜 진화된 부류로 여겨 차별했다.

그러나 그리스도 안에서 은혜 언약에 따른 구원 방법이 본격적으로 효력을 발휘한 후, 하나님은 모든 인류가 하나님의 형상을 회복하는 구원에 참여할 수 있도록 부르신다. 그래서 사도 바울은 갈라디아서에서 "너희는 유대인이나 헬라인이나 종이나 자유인이나 남자나 여자나 다 그리스도 예수 안에서 하나이니라"(갈 3:28)라고 말했다. 이는 인종이나 민족, 사회적 계급, 남녀의 성이 하나님의 형상, 하나님의 자녀, 그리스도인 됨의 차별 근거가 되지 않는다는 뜻이다.

• 다른 사람을 하나님의 형상으로 여긴다면 우리 생각에 어떤 변화가 있을까요?

정리하며

인간은 본래 영광스러운 존재였습니다. 인간의 타고난 본성이나 능력 때문이 아니라 천지를 창조하신 하나님께서 인간을 하나님의 형상으로 지으셨기 때문입니다. 비록 인간이 불순종하여 타락하여 영광을 잃어버렸지만, 하나님께서 은혜언약을 따라 구원을 베풀어 주셨으므로, 예수님 안에서 영광을 회복하였습니다. 오직 예수님 안에서 인류가 영광을 회복하며 하나 됨을 이루어 갈 수 있습니다.

한 주간 약속

소그룹에서 서로 토의하여 자유롭게 만들어 봅시다.

예) 자신(인간)이 하나님의 형상이라는 말을 묵상한 후 깨달은 바를 나누어 봅시다.

Lesson 2

문화명령

창세기 1:26-30, 2:19

찬양을 드리며: 허락하신 새 땅에(347장), 가슴마다 파도친다(574장)

주간 약속 나누기: 한 주간의 약속을 나누고 서로의 모습을 있는 그대로 받아 주세요.

마음열기

우리 신자는 하나님으로부터 받은 세 가지 사명이 있다. 첫째는 생활의 중심에서 하나님을 순종하는 예배적인 사명이요, 둘째는 타인과 협력해서 살아가는 사회적인 존재로서 그리스도 안에서 사랑으로써 화목할 사명이며, 셋째는 하나님이 주신 이 세상을 잘 가꾸고 잘 보호하여 하나님의 영광을 드러내도록 언제나 하나님의 요구를 잘 받아들이는 문화적 사명을 가진 것이다. … 인간은 만물보다 가장 마지막에 지음 받았으나 인간만이 문화적인 존재로서 역사적 발전을 가져 온 것이다. 이근삼, 『개혁주의 신앙과 문화』 중에서.

• 내가 지고 있는 그리스도인의 책임은 무엇인가요?

성경과의 만남

인간은 이 땅에 존재하는 어떤 존재와도 비교할 수 없는 특별한 존재입니다. 그러나 이 점을 과학적 방법이나 진지한 자기 성찰과 같은 인간 스스로의 관찰로는 깨닫지 못합니다. 오직 성경으로부터, 달리 말하여 하나님과의 관계에서 발견할 수 있습니다. 하나님은 처음부터 인간을 특별한 존재 곧 하나님의 형상으로 만드셨고 그에게 세계를 다스리게 하셨습니다. 하나님이 세계와 관련하여 인간에게 주신 특별한 명령이 인간의 특별함을 밝히 드러냅니다.

1. 문화명려은 무엇입니까? (창 1:28)

➔ 하나님께서 인간에게 세계 전체를 다스리라며 주신 명령을 문화를 형성하고 발전시키라는 뜻으로 이해하는 것입니다.

해설 하나님은 계획에 따라 아담을 만드신 후 복을 주시면서 “생육하고 번성하라, 땅에 충만하라, 땅을 정복하라”고 명령하셨다. 이 명령의 첫째 부분은 결혼과 생식으로 번성하도록 명령하고 있으며, 둘째 부분은 세계 전체를 지배하도록 명령하고 있다. 이 두 번째 부분을 개혁신학에서는 문화명령이라 칭한다. “문화”라는 단어는 라틴어에서 농경지의 경작과 재배를 뜻하였고, 점차 개인과 집단 활동을 통한 창작의 산물들, 정신적 사상, 종교, 세계관과 인생관, 학문 등을 포괄하는 넓은 의미로 확장되었다. 이에 비추어 하나님이 명령하신 땅(세계)을 다스리는 활동 혹은 정복하는 활동은 문화 활동을 의미한다고 할 수 있다. 하나님은 세계, 즉 자연(Nature)을 만드셨고, 인간에게 자연을 지배하여 다스리는 활동으로 문화(Culture)를 형성하고 발전시키도록 요구하셨다.

• 문화를 좁게 혹은 부정적으로 생각할 때 우리가 놓쳐버리기 쉬운 것은 무엇일까요?

2. 아담은 어떤 방식으로 대리 통치자 역할을 감당했습니까? (창 2:19)

➔ 아담은 주위 생물에게 이름을 붙임으로 문화적 활동을 실행했습니다.

해설 하나님은 그분의 의도대로 아담이 지적 활동으로 세계를 파악하여 정복하고 다스리기 위해 문화적 활동을 실행하는 것을 보셨다. 아담은 자기 주변 동식물을 관찰한 후 그 존재 특성을 간파하여 각각의 이름을 다르게 붙였다. 이름은 그 존재의 핵심 특성을 드러내고, 다른 존재들과의 관계에서 해당 존재의 위치와 의의를 명시하는 지성적 활동이다. 이름을 통하여 공동체가 소통한다는 점에서 이름을 붙였다는 말은 언어와 개념 발달을 암시한다. 이름과 개념과 언어가 발달하면 지식과 사상이 형성된다. 교육과 문자 사용을 통해 지식은 빠르게 확산되어 인간의 삶과 세계를 다스리는 방식을 개선한다.

하나님은 처음부터 인간을 창조 세계를 다스리는 하나님의 대리 통치자로 세우셨다. 인간은 진화의 역사에서 크고 강한 동물들과 투쟁하며 생존하던 변변찮은 존재였으나, 불을 사용하고 지성 혁명이 처음 시작된 호모 사피엔스(지혜의 인간)의 등장으로 비로소 세상의 지배자가 된 것이 아니다. 성경은 하나님이 처음부터 인간을 대리 통치자로 창조하신 것을 알려 주고 있다.

• 문화 활동이 하나님이 주신 사명에서 비롯되었다는 사실이 어떻게 다가옵니까?

3. 문화명령은 인류에게 부담입니까, 복입니까? (창 1:28)

➔ 문화명령은 하나님께서 순종할 능력가지 주시므로 부담이 아니라 복입니다.

해설 문화명령은 불가능한 일을 강제하는 것이 아니라, 명령을 수행할 수 있는 능력을 부여하시고 명령하셨다는 의미에서 부담인 것만은 아니다. 더욱이 이 명령은 타락 이전에 주어진 것으로서 불행과 무관하다. 하나님이 인간의 번성을 명령하신 것도 그것이 세계를 지배하고 다스리는 일에 적합한 방법이며, 인간에게도 복이었기 때문이다. 인구 증가를 식량 생산 한계에 비추어 불행으로 여겼던 때가 있었으나, 최근 들어 출생률 감소가 인간이 자초한 심각한 미래 재앙임을 깨닫고 있다. 출생률 감소는 교회의 미래도 어둡게 만들고 있다. "땅을 다스리라, 땅을 정복하라"는 명령도 무거운 짐이 아니라 복이었다. 문화의 발전은 인간의 삶을 풍요롭게 한다. 근대 이후 과학과 기술의 발전은 질병 예방과 치료, 식량 생산, 기후 위기 대처, 삶의 풍요와 편의에 큰 도움이 되었다.

그럼에도 문화명령은 근대 이후 크게 오해되었다. 이 명령이 자연을 약탈하고 파괴하는 생각의 기초가 되었다고 오해하면서 생태계 파괴의 책임을 기독교에 돌리려는 사람들이 생겼다. 그러나 자연 파괴는 근대 정신, 곧 신본주의와 대립한 근대 인본주의, 자연을 대상화한 근대 과학주의, 자연을 이익의 도구로 여기는 자본주의 개발에서 비롯된 일이다. 이 명령은 "하나님 보시기에 좋았더라"라는 창조의 선한 맥락에서 주어졌으므로, 하나님 보시기에 좋은 방향으로 세계를 지배하고 다스려야 한다는 뜻이다. 인간은 세계를 위임받은 대리 통치자 청지기로서 주인인 창조주의 뜻을 실행하여 세계를 관리해야 한다. 이에 비추어 그리스도인의 문화 활동은 인간 탐욕으로 고통받는 세계를 회복시키는 구속 사역이다.

- 우리 시대 한국 그리스도인에게 주어진 문화명령 과제는 구체적으로 무엇일까요?

정리하며

인간이 다른 피조물과 비교할 수 없을 만큼 특별한 존재인 점은 하나님과의 관계에서 발견할 수 있습니다. 하나님은 처음부터 인간을 특별한 존재 곧 하나님의 형상으로 만드셨습니다. 하나님은 인간을 모든 만물 위에 뛰어난 존재로 창조하셨고, 세계를 다스리게 하셨습니다. 이러한 맥락을 따라 하나님이 주신 번성하라, 땅을 다스리라는 명령을 감사로 받고 순종해야 할 것입니다.

한 주간 약속

소그룹에서 서로 토의하여 자유롭게 만들어 봅시다.

예) 21세기 세속 문화는 하나님의 문화명령에 비추어 무엇이 잘못되어 있나요?

Lesson 3

타락

창세기 2:16-17, 로마서 3:10, 23, 6:23

찬양을 드리며: 이 죄인을 완전케 하시옵고(426장), 먹보다도 더 검은(423장)

주간 약속 나누기: 한 주간의 약속을 나누고 서로의 모습을 있는 그대로 받아 주세요.

마음열기

우리는 타락이 지상적인 창조의 전 영역에 영향을 끼치고 있으며, 죄는 창조계의 일부가 아니라 창조계의 기생충이며, 그리고 죄가 전 지상에 영향을 미치는 한, 죄는 모든 사물을 더럽게 만들어 '세상적인', '세속적인', '땅의' 것으로 만든다는 것을 보았다. 따라서 창조 세계의 모든 영역은 구원과 하나님의 왕국의 도래를 위하여 울부짖고 있는 것이다. 알버트 월터스, 『창조 타락 구속』 중에서.

• 인간의 타락이 끼친 영향에 대해 어떻게 생각합니까?

성경과의 만남

하나님은 인간을 하나님의 형상으로 지으셨습니다. 그래서 인간은 하나님과 인격적으로 교제하고 예배할 수 있는 영적 존재입니다. 첫 사람 아담은 하나님과 언약 관계 안에서 친밀하게 교제하고 행복을 누렸습니다. 그러나 인간으로 인하여 인간과 세계의 운명에 파괴적인 큰 문제가 생겼습니다. 우리는 그 사건을 타락이라고 말합니다.

1. 하나님이 첫 사람들에게 주신 금지 명령은 무엇입니까? (창 2:16-17)

➔ 선과 악을 알게 하는 나무의 열매를 먹지 말라고 하셨습니다. 이는 엄중한 명령입니다.

해설 하나님은 에덴동산에 거주했던 아담과 하와에게 에덴동산의 각종 나무의 열매는 임의로 먹되, 선악을 알게 하는 나무의 열매는 먹지 말라는 명령을 주셨다. 하나님이 왜 이런 금지 명령을 주셨을까? 얼핏 소극적 명령처럼 보이지만, 이 금지 명령은 엄중하다. 창조주 하나님과 피조물 인간 사이의 엄격한 선을 지켜야 한다는 것이다. 하나님의 절대주권을 인정하고 그분의 뜻에 순종하여 섬기는 청지기 삶으로 영생과 축복을 향유하든지, 아니면 하나님의 주권을 인정하지 않고 존재 목적을 떠나 배역함으로써 하나님이 예고한 죽음을 맞이할지가 순종 여부에 달려 있다. 명령

거부 행위는 넘지 말아야 할 선을 넘는 행위로서 하나님께 대한 전인적 배역이고, 존재 목적대로 살지 않겠다는 행동적 선언이다.

이 금지 명령이 가르게 될 하나님과의 관계와 인간의 미래 운명을 염두에 두고 개혁신학은 이 구절을 "행위언약"이라 말한다. 행위언약에서 한편은 하나님이, 상대편은 인류를 대표한 아담이 계약의 당사자였다. 대표자 아담의 순종 여부는 모든 인간의 운명을 결정하게 되었다.

• 하나님께서 금지 명령을 주신 목적은 무엇이었습니까?

2. 금지 명령을 어긴 결과는 무엇입니까? (창 2:17)

➔ 명령에 따른 조항대로 죽음의 운명이 선고되었습니다. 이는 인간 자신의 열망을 따랐으므로 핑계할 수 없습니다.

해설 아담과 하와는 행위언약에서 금지한 명령을 어겼다. 여기서 선악을 알게 하는 나무가 무엇인지, 열매의 맛은 어떻고 어떤 효과가 있는지는 중요하지 않다. 아담과 하와가 하나님의 명령을 어김으로써 하나님을 배역하였고 행위언약의 심판을 자초한 것이 중요하다. 죄는 하나님의 명령을 범하는 행위이며, 하나님과의 정당한 관계에 영향을 준다.

물론 이 근원적인 죄에 사탄의 유혹이 있었다. 하와와 아담은 사탄의 집요한 유혹보다 명백한 하나님의 말씀을 신뢰해야 했음에도 그렇게 하지 못했다. 자신을 신격화하려는 열망에 따라 배역적 의지에서 나온 명백한 행동은 핑계할 수 없다. 그래서 아담과 하와는 양심으로부터 일어나는 수치심과 두려움으로 하나님을 피하여 숨었다. 하나님이 범죄 행위를 심문하실 때 아담은 하와를, 하와는 뱀(사단)을 탓하며 핑계를 삼았으나 받아들여지지 않았다. 하나님은 뱀(사단)과 하와와 아담 모두에게 범죄에 대한 저주와 심판을 선고하셨다. 인간은 행위언약의 심판 조항에 따라 죽음의 운명을 따르게 되었다. 죽음은 인간이 하나님이 아니라는 명확한 사건적 선언인 셈이다.

- 원죄의 영적 특성이 지금도 모든 사람에게 발견된다면, 그 원죄의 흔적에 어떤 것이 있을까요?

3. 아담과 하와의 후손의 운명은 어떻게 되었습니까? (롬 3:10, 23, 6:23)

➔ 첫 사람들의 죄는 영적 죄이므로 이후 출생한 후손들에게도 동일하게 죄와 욕심의 경향성이 드러납니다.

해설 아담과 하와의 죄는 특성상 영적 죄여서 이후 출생한 후손들의 마음과 행동에도 확립되어 있다. 배역적 죄와 욕심은 인간 마음에서 새로운 지배적 경향성이 되었고, 창조 시에 주신 양심의 요구를 억압하고, 변명하며, 기만하여 거짓말하는 성향을 보였다. 인간의 중심인 영, 곧 마음에서부터 하나님과 하나님의 말씀을 배역하고 타락하였으므로, 그 타락한 마음에서 나오는 죄와 욕심의 추동력에 따라 나오는 구체적인 행위와 사고, 삶 전체, 존재 전체, 그리고 전체 인류의 문화도 모두 죄와 타락을 반영하고 있다. 타인을 정죄하기 위한 도구로서 양심에 기초한 지성과 의와 선의 기준을 사용하면서도, 정작 자기 스스로는 여전히 배역적이며 타락한 존재로 실존하고 있다. 그래서 사도 바울은 로마서에서 의인은 한 사람도 없다고 단언했고, 모든 사람이 죄인으로서 하나님의 영광에 이르지 못한다고 못을 박았다.

행위언약에 따른 하나님의 심판 선언으로 오게 된 죽음도 모든 후손과 인간에게 주어졌다. 또 이 세상에서의 삶은, 한편으로는 죄와 욕심에서 초래된 행위의 결과로, 또 다른 한편으로는 죄에 대한 하나님의 저주와 심판의 결과로 비참함 가운데 살아가는 고생이 되었다. 생육하고 번성하는 축복의 과정인 자녀의 임신도 고통을 동반하였고, 행복의 조건인 부부관계와 인간관계도 갈등과 억압과 투쟁의 고통을 피할 수 없게 되었으며, 삶의 의미와 성취감을 제공해 주는 일, 곧 자연을 관리하고 다스리는 일에도 자연의 저항과 재앙으로 수고의 고통을 동반하는 고된 일이 되었다. 총체적 비참함에 빠지게 되었다.

- 전적 타락에 비추어 볼 때 사람들의 선한 경향은 어떻게 이해해야 할까요?

정리하며

이 땅에서 겪는 비참함을 끊고자 죽음을 선택하는 이들이 있습니다. 그러나 죽음 이후에도 영원한 심판이 있으므로 죽음 역시 비참함을 피하는 대안이 되지 못합니다. 타락과 죄의 영향력이 큽니다. 물론 그리스도인의 죽음은 다릅니다. 하나님의 은혜언약을 따라 구원 받은 그리스도인은 죽음으로 수고로운 삶에서 벗어나 안식하게 됩니다.

한 주간 약속

소그룹에서 서로 토의하여 자유롭게 만들어 봅시다.

예) 행위언약에 따라 아담과 하와를 심문하고 심판을 선언하신 하나님의 말씀 내용(창 3:9-21)을 묵상하고 깨달은 바를 메모하여 이야기하기.

Lesson 4

예수 그리스도와 구원

◆

에베소서 2:1-19

찬양을 드리며: 주의 말씀 받은 그날(285장), 나 속죄함을 받은 후(283장)

주간 약속 나누기: 한 주간의 약속을 나누고 서로의 모습을 있는 그대로 받아 주세요.

마음열기

다음은 도르트신조를 요약한 칼빈주의 구원 5대 교리입니다: (1) 모든 인간은 전적으로 부패하고 전적으로 무능해졌으므로, 인간 스스로는 도저히 자신을 구원할 수 없다. (2) 이 부패하고 무능력한 인간 중 하나님께서는 기쁘신 뜻대로 그들의 행위에 관계없이 무조건적으로 그들 중 얼마를 구원하시기로 선택하셨다. (3) 이 선택한 자들을 위해 그리스도의 대속적 사업이 제한되게 이루어졌다. (4) 그리스도께서 그들을 위하여 죽은 자들을 성령께서 필히 중생, 변화시켜 그리스도의 은혜에 동참하게 하신다. (5) 그리스도의 은혜에 동참한 자들은 궁극적으로 한 사람도 잃어버리지 않고 구원받게 된다. 이근삼, 『개혁주의 조직신학 개요 II』 중에서.

• 하나님의 구원 사역을 보면 어떤 생각이 듭니까?

성경과의 만남

아담 이후 모든 사람은 하나님의 심판에서 자유롭지 못하고 자력으로 자신을 구원할 수도 없는 상태였습니다. 인간 구원을 위해 사랑의 하나님께서 친히 그분이 대신하여 대가를 치르시는 방식의 은혜언약 관계를 제시하셨습니다. 은혜언약은 대속 구원자 예수님을 통한 구원의 방법으로 하나님과의 관계가 회복되도록 설계된 관계 계약입니다.

1. 성경이 알려 주는 예수님은 어떤 분입니까? (마 1:21)

➔ 예수님은 은혜언약의 완벽한 구원자로 이 땅에 오신 분입니다.

해설 예수님은 마리아의 아들로 나셨다는 점에서 인간이지만, 인간 아버지가 아니라 성령의 능력으로 잉태되었다는 점에서 기원적 원죄 없이 나셨다. 한편으로는 인간을 대신한 대속물이 되기 위해 참된 인간이 되었고, 또 다른 한편으로는 하나님의 아들로서 참된 하나님이셨다. 우리는 어떻게 예수님의 한 인격에 인성과 신성이 통합될 수 있는지 잘 설명할 수 없다. 예수님의 존재 방식은, 하나님만이 해 주실 수 있는 이런 특별한 방법이 아니었다면 인간 구원의 다른 방법이 없었기 때문에, 불가피하게 우주에서 오직 한 번 일어난 사건이다. 따라서 일상적 자연법칙에 기초해 가능성을 따질 수 없는 일이다. 예수님은 은혜언약의 완전한 구원자로 오신 분이므로, 한 분의 대속이 인류의 모든 죄의 대가를 감당하고도 남는다.

하나님은 큰 대가를 감당하시고 우리에게는 쉬운 은혜언약을 제시하셨다. 우리는 믿음이라는 쉬운 접근으로 은혜언약의 구원과 회복의 혜택을 누릴 수 있게 되었다. 이것이, 그리스도인들이 예수님을 통한 구원의 일로 하나님의 자비와 은혜에 감사하고 찬양하는 이유다. 그리고 은혜언약의 구원을 누려야 할 인류를 향하여 이 복음을 전하려는 이유다.

- 하나님께서 믿음이라는 방법으로 구원을 누리게 하신 이유는 무엇일까요?

2. 다양성이 존중받는 시대에도 예수님은 어떤 분입니까? (요 14:6)

➔ 예수님만이 구원을 위한 유일한 길, 진리, 생명입니다.

해설 오늘날은 민주적 삶이 널리 퍼진 시대다. 많은 사람이 타인을 존중하고 그들의 생각을 존중해야 한다고 생각하며, 예수님만이 진리이자 구원의 길이라는 복음적 기독교인들의 적극적인 전도에 거부감을 드러낸다. 우리는 민주사회라는 사회적 합의를 인정하고 타인의 인격을 존중해야 한다. 동시에 근본적인 진리인 하나님과 복음에 대해 성경으로부터 깨닫고 확신한 바를 전달해야 한다. 이는 성경과 복음이 다른 사람들의 영혼과 삶, 사회 공동체의 구원과 회복에 꼭 필요하다고 확신하기 때문이다. 우리가 복음을 전하는 것은 타인을 무시하거나 논쟁하려는 것이 아니라, 그들의 인격을 존중하고 좋은 것을 나누려는 의도에서 비롯된 것이다.

우리는 하나님의 말씀을 통해 예수님이 인간 구원을 위한 유일한 길임을 확신한다. 성경은 예수님이 길이요, 진리요, 생명이라고 선언한다. 구원을 다른 의미로 해석한다면 다른 종교의 가르침도 구원의 가르침이라 할 수 있을지 모른다. 그러나 하나님이 은혜언약 안에서 주시는 인간 구원이라면, 예수님 외에 다른 구원의 방법은 없다. 하나님이 예수님을 우리에게 특별한 구원자로 주셨기 때문이며, 예수님만 그 구원의 일을 이루셨고, 예수님만이 우리를 구원하여 하나님의 자녀로 회복시키실 수 있는 분이기 때문이다. 예수님만이 하나님께 이르는 길이며, 하나님의 근본적 진리이며, 우리의 영생을 보장하는 생명이다.

- 사람들이 복음을 받아들이지 않고 기독교를 비판하는 이유에는 어떤 것들이 있습니까?

3. 구원 받고 예수님 안으로 들어가는 길은 무엇입니까? (요 1:12)

➔ 예수님을 믿고 영접하는 것입니다.

해설 인간은 본성적으로 정의의 관점에서 의롭고 선한 행위와 무관하게 혜택을 누리는 것을 불공평하게 여긴다. 그래서 믿음만으로 구원받는 것을 쉽게 이해하지 못한다. 그러나 하나님의 기준에서 누구도 의롭지 않고 선하지 않다는 것을 알게 된다면, 의와 선의 기준으로는 아무도 구원받을 수 없음을 깨닫게 될 것이다. 또한, 자력으로 구원을 이룰 수 있는 사람이 없다는 사실을 인정하게 된다면, 다른 방법이 없음을 알게 될 것이다. 믿음의 구원은 불합리한 것이 아니라, 그 방법 외에는 인간에게 다른 길이 없기 때문이다. 하나님은 우리를 위해 모든 것을 해 주시고, 인간에게는 정말 쉬운 길과 최소한의 요구만을 제시하신 것이다.

예수님을 믿는다는 것은 예수님이 은혜언약의 구원자이시며, 그분의 십자가 죽음이 우리를 위한 대속의 죽음이고, 그분의 부활이 우리를 회복하기 위한 것임을 믿는 것이다. 하나님의 제안을 받아들여 예수님을 믿는 것이 곧 예수님 안으로 들어가는 방법이다. 우리에게 믿음이라는 쉬운 방법을 제시하신 하나님은 우리를 구원하시려는 명백한 의지를 가지신 분임이 분명하다. 우리는 믿음의 구원을 감사할 수밖에 없다. 누구도 어려워서 구원받지 못했다고 핑계할 수 없을 것이다.

• 구원자 예수님을 믿게 된 계기 혹은 사건을 이야기해 보세요.

정리하며

많은 사람은 구원의 길에 관하여 그리스도인들이 기독교의 복음만 주장하는 것을 못마땅해 합니다. 단지 정의와 선과 인간애와 지식과 지혜를 주는 여느 종교처럼 행동하길 원합니다. 그러나 성경을 따라 우리는 예수님만이 인간 구원을 위한 유일한 길임을 믿습니다. 다른 사람들을 존중하며 겸손한 태도를 가져야 하지만, 결코 물러설 수 없는 진리도 있습니다.

한 주간 약속

소그룹에서 서로 토의하여 자유롭게 만들어 봅시다.

예) 지혜로운 방법으로 복음을 전하는 방법에 대하여 생각한 후 이야기하기.

Lesson 5

그리스도인, 새로운 피조물

고린도후서 5:17, 에베소서 2:1-19

찬양을 드리며: 내 영혼에 햇빛 비치니(428장), 주와 같이 길 가는 것(430장)

주간 약속 나누기: 한 주간의 약속을 나누고 서로의 모습을 있는 그대로 받아 주세요.

마음열기

그리스도인들은 결혼을 회피할 것이 아니라 거룩하게 만들어야 한다. 감정은 억눌려야 할 것이 아니라 정화되어야 한다. 성행위는 단순히 거부되어야 할 것이 아니라 구속되어야 한다. 정치는 출입 금지 구역이 아니라 개혁되어야 할 영역이다. 예술은 세속적이라고 선언할 것이 아니라 그리스도의 것으로 주장해야 한다. 사업은 더 이상 세속 세계에 떠넘겨버려서는 안 되고, 다시금 하나님의 영광을 드러내는 표준에 일치하도록 재조정해야 한다. 이러한 예는 인간의 삶의 모든 영역에 가득 차 있다. 알버트 월터스, 『창조 타락 구속』 중에서.

- 위에서 언급된 내용 중 새롭게 다가오는 부분이 있다면 나누어 봅시다.

성경과의 만남

하나님은 배역하여 타락한 인간을 위해 새로운 구원의 길 곧 은혜언약을 제시하셨습니다. 예수 그리스도를 믿음으로 다시 회복되어 새로운 존재가 되게 하셨습니다. 믿음으로 예수 그리스도 안에 있는 사람은 하나님과의 관계에서 새로운 존재로 받아들여집니다.

1. 예수님을 믿은 후 일어나는 변화는 무엇입니까? (고후 5:17-18)

➔ 영적인 관점에서 이전과는 완전히 근본적으로 변화됩니다.

해설 새로운 피조물이란 영적인 관점에서 이전과는 완전히 그리고 근본적으로 다른 사람이 되었다는 표현이다. 예수님을 믿은 후 키가 더 자란 것도 아니고, 얼굴 모습이 달라진 것도 아니며, 지능지수가 더 높아진 것도 아니다. 그럼에도 우리는 근본적인 변화를 받았다. 이 변화는 영적인 변화로, 하나님과 관계 성격이 완전히 바뀌었고, 우리의 영원한 운명도 완전히 달라졌다. 우리의 영혼은 영적 죽음에서 영생의 생명으로 옮겨졌다. 구체적으로, 하나님과 적대적이고 낯선 관계에서 하나님과 화목하고 친밀한 사랑의 관계로 변화되었다. 성령을 통해 하나님께로부터 났으며, 하나님의 일에 직분자로 세워졌다. 그래서 바울의 설명처럼 “보라 새것이 되었다.”라고 말할 수 있을 만큼 전인적 변화가 이루어진 것이다.

• 새로운 피조물로 변화시켜 주신 하나님께 감사하는 시간을 가져 봅시다.

2. 예수님을 믿기 전 삶은 어떤 삶이었습니까? (엡 2:1-3)

➔ 그리스도 밖에서 허물과 죄로 죽었던 존재입니다.

해설 성경은 새로운 피조물이 되기 전의 삶을 허물과 죄로 죽은 상태, 세상 풍조를 따르는 삶, 공중의 권세 잡은 자(사탄)를 따르는 삶, 그리고 육체의 욕심과 마음의 열망에 따라 사는 삶이라고 규정한다. 이러한 자는 본질상 진노의 자녀이다. 다른 말로, 그리스도 밖에 있었고, 약속된 이스라엘 나라 밖에 있었으며, 하나님의 약속 수혜자 범위 밖에 있었고, 하나님 없이 사는 사람이므로 세상에서 더 이상 소망이 없는 상태였다고 말한다(엡 2:12). 불편하게 들릴지 모르지만, 불신자들의 삶의 본질과 특성과 운명은 하나님과의 관계에서 볼 때 한마디로 진노의 자녀이며 소망이 없는 상태인 것이다. 그리스도인이 되기 이전의 우리도 마찬가지였다.

• 이전의 비참한 삶에 대해 간단히 나눠 봅시다.

3. 그리스도와 연합된 자는 어떤 일을 경험합니까? (엡 2:4-6)

➔ 십자가 안에서 옛사람이 죽고 새사람이 되며 그리스도의 통치에 참여합니다.

해설 우리는 그리스도와 연합되어 있으므로, 그리스도의 십자가 안에서 옛사람이 죽고 새사람이 되었으며, 승천하신 그리스도와 함께 하늘에서 그리스도의 통치에 참여하는 사람이다. 에베소서 2장 7-19절에 따르면, 우리는 믿음으로 말미암아 구원을 받았고(8절), 하나님과 화목하게 되었으며(16절), 성령 안에서 하나님께 나아갈 수 있게 되었고(18절), 성도들과 동일한 시민이 되었고, 하나님의 가족이 되었다(19절). 근본적으로 신분이 달라진 것이다. 그러나 이를 현세에서는 실감하지 못할 때가 많다. 다른 사람들이 우리를 볼 때에도 마찬가지이다. 하지만 영적 맥락에서 그리고 하나님과의 관계에서는 엄청난 변화가 이미 일어나 현실이 되었다. 우리는 그리스도 안에서 경험하는 새로운 현실에 더 관심을 가져야 한다. 우리가 이 새로운 현실을 실감하면 할수록 행복감이 커지며, 더 새로운 삶을 살아갈 수 있다.

- 새로운 존재로 달라진 것이 우리의 실제 삶에 어떤 영향을 주는지 이야기해 봅시다.

4. 그리스도 안에서 일어나는 또 다른 변화는 무엇입니까? (엡 2:22)

➔ 그리스도 안에서 새로운 공동체를 이룹니다. 성령님은 이를 통해 더욱 성숙하게 하십니다.

해설 그리스도 안에 있는 사람은 교회 공동체 안에 있다. 기독교는 다른 종교의 가르침처럼 개별적 수행으로 자력 구원을 이루도록 가르치지 않는다. 특별한 때 홀로 기도하고, 묵상하며, 순례의 길을 떠날 수 있지만, 공동체의 삶을 벗어나 혼자 고독하게 수행하는 것이 종교적 삶에서 더 좋은 방식이라고 말하지 않는다. 성령님은 교회 공동체를 이루게 하고 교회의 기능에 역사하여 예배와 가르침, 선교, 교제, 봉사를 통해 그리스도인들을 영적 관점에서 성숙하게 하신다.

우리가 소속된 외형 교회는 구원의 과정 안에 있는 사람들의 모임이므로, 사람들이 온전하지 못한 것처럼 집단으로서의 교회도 온전하지 못한 상태에 있다. 그럼에도 성령님은 교회의 양육과 봉사를 통해 성도들을 성숙의 길로 이끄신다. 교회는 학교처럼 그리스도인들을 하나님의 말씀으로 교육하여 성숙에 이르게 하는 역할을 하고 있다. 따라서 교회가 불완전하다고 하여 교회를 떠나서는 안 된다. 교회의 부족한 부분은 우리가 채워야 할 소명일 수도 있다.

- 교회 공동체는 어떤 점에서 나에게 도움이 되는지 이야기해 봅시다.

정리하며

“빨리 가려면 혼자 가고, 멀리 가려면 같이 가라.”는 말이 있습니다. 이 세상에서의 구원 여정도 마찬가지입니다. 새로운 존재로 변화된 후로도 살아갈 날들이 있습니다. 이때 우리는 교회로 모여 공동의 신앙을 기초로 서로 믿음과 선행을 격려하면서 성숙과 행복의 공동체를 이루어가야 합니다. 왜냐하면 교회는 이 세상에 있으나 하늘에 속한 공동체이기 때문입니다.

한 주간 약속

소그룹에서 서로 토의하여 자유롭게 만들어 봅시다.

예) 그리스도 안에 있는 구역원에게 사랑의 마음 전하기.

Lesson 6

하나님의 청지기

로마서 8:18-22

찬양을 드리며: 아침 해가 돋을 때(552장), 시온의 영광이 빛나는 아침(550장)

주간 약속 나누기: 한 주간의 약속을 나누고 서로의 모습을 있는 그대로 받아 주세요.

마음열기

우리는 창조 개념이 그리스도인들의 통상적인 생각보다 얼마나 더 넓은 의미로 파악되어야 하는지, 그리고 인류의 타락이 어떻게 그처럼 넓은 의미로 이해된 창조계 모든 구석에까지 영향을 미쳤는지 살펴보았다. 이 근본적인 고백은 다음 두 가지 사실을 함축한다. 첫째는 구속이 회복 즉 단순히 창조를 넘어선 어떤 것의 첨가가 아니라 손상되지 않는 창조계의 선한 상태로 돌아가는 것을 의미한다. 둘째는 이 회복이 창조계의 어떤 제한된 영역에 국한되는 것이 아니라 창조계의 삶 전체에 영향을 미친다는 것이다. 알버트 월터스, 『창조 타락 구속』 중에서.

- 변화된 그리스도인이 새로운 문화를 일구어가야 한다는 말이 어떻게 다가옵니까?

성경과의 만남

존 번연이 쓴 『천로역정』을 보면 죄악을 떠나 천국을 향해 가는 순례자가 그리스도의 십자가 앞에 자신의 모든 죄의 짐을 내려놓습니다. 이전까지 자신을 힘들게 하던 모든 짐이 사라졌습니다. 그러나 이 책은 여기서 끝나지 않습니다. 그는 다시 순례의 길을 떠납니다. 왜냐하면 구원받은 그리스도인에게는 새로운 사명이 있기 때문입니다. 그리스도인은 회복된 하나님의 형상으로서 그리스도의 창조 세계 구속과 하나님 나라 문화건설에 참여합니다.

1. 오늘날 자연 파괴의 원인이 기독교의 가르침에 있습니까? (창 1:28)

➔ 아닙니다. 자연 파괴의 세계관은 기독교 세계관을 떠난 근대주의에서 비롯되었습니다.

해설 환경운동에 참여하는 사람들 중에는 불교, 힌두교, 도교 등 동양 종교가 자연과 함께 살고 생명을 존중하는 자연 친화적 태도를 가르치는 반면, 서양 종교로 대표되는 기독교는 자연에 대해 침략적인 태도를 가르친다고 주장하는 이들이 있다. 이들은 "땅을 정복하라"라는 문화명령이 그 원인이라고 본다. 그러나 자연 파괴의 세계관은 기독교가 아니라 근대주의에서 비롯되었다. 근대주의는 신 중심의 기독교 세계관을 떠나 인간 중심의 세속주의(인본주의)를 지향하는 세계관이었다. 근대주의는 자연을 하나님과의 관계 안에서 소명을 수행해야 할 대상과 영역으로 보는 기독교적 관점에서 떠나, 자연을 인간의 이익을 위한 자원과 도구로만 보는 세속적 유물론을 지향했다. 그 결과, 자연 파괴를 기독교 탓으로 오해했던 서구 사상가들이 점차 근대주의를 비판하며 포스트모더니즘을 주창하고, 인본주의를 비판하여 포스트휴머니즘을 주창하기에 이르렀다.

• 자연의 황폐화에 대한 기독교 책임을 탓하는 이웃의 말에 어떻게 대답해 왔습니까?

2. 인간의 타락이 자연에 어떤 영향을 미쳤습니까? (롬 8:22)

➔ 인간의 타락은 자연에 고통을 주었고 지속적으로 고통을 주었습니다. 자연은 인간의 구속으로 우주가 완전히 회복될 때를 기다립니다.

해설 아담과 하와의 타락 이후, 인간의 죄에 대한 저주와 심판은 자연의 영역에도 영향을 미치게 되었다(창 3:13-19). 노아 시대에 있었던 인류의 죄에 대한 하나님의 심판 역시 자연에 막대한 영향을 주었다. 홍수 심판의 결과로 많은 생물이 죽었고, 자연환경은 크게 변화했다(창 6:21-22).

근대 이후, 인간은 세계에서 창조주 하나님을 밀어내고 스스로 세계의 지배자를 자처했다. 자연을 친밀한 관계가 아닌 소외된 대상으로 여기며, 이익과 행복을 위한 자원과 도구로만 취급하여 필요 이상으로 남용했다. 욕심에서 비롯된 경쟁적 대규모 경작지 개발과 산업, 도시 개발로 인해 삼림이 대규모로 훼손되었고, 물과 공기는 오염되었다. 석유 에너지를 동력으로 사용하면서 일산화탄소 배출이 증가해 지구온난화와 기후 변화가 심각해졌다. 이로 인해 생태계에서는 많은 생물이 멸종했고, 인류의 미래마저 위협받는 상황이 되었다.

사도 바울은 자연이 고통으로 신음하고 있다고 말했다. 인간의 타락은 자연에 고통을 주었으며, 그 고통은 지금도 이어지고 있다. 그래서 자연은 인간의 구속을 통해 우주가 완전히 회복될 때를 열망한다고 말했다: "그 바라는 것은 피조물도 썩어짐의 종 노릇 한 데서 해방되어 하나님의 자녀들의 영광의 자유에 이르는 것이니라"(롬 8:21).

- 자연의 고통과 신음을 느낀 일이 있다면 이야기해 보세요.

3. 그리스도인은 자연을 그대로 내버려 두면 되나요? (전 5:19)

➔ 아닙니다. 그리스도인은 회복을 위해 적극적으로 관리하고 적절히 개발해야 합니다.

해설 세계 정복과 다스리라는 문화 명령 수행은 일반적으로 하나님을 섬기는 방법이다. 창조주 하나님의 소유인 창조 세계를 정복하고 다스리는 것은 하나님의 뜻에 따라 이루어져야 하는 청지기의 일이다.

창조 세계가 타락으로 고통 중에 신음하고 있는 것이 현실이므로 현재의 자연 상태를 이상적인 것으로 여겨서는 안 된다. 자연을 신격화하거나 자연 원리에 순응하는 수동적이고 운명적인 인생관은 기독교적 인생관이 아니다. 자연을 그대로 두었다고 저절로 낙원이 되는 것도 아니다. 그리스도인은 자연의 회복을 위해 적극적으로 관리하고, 자연과 인간의 삶을 종합적으로 고려하여 적절한 수준에서 개발하도록 노력해야 한다.

그리스도인은 인간의 욕심에 기초한 인본주의적 자연관이나 유물론적 자연관에 따라 창조 세계와 사회를 대상화하고 도구화해서는 안 된다. 자본주의와 기술주의에 따라 소비자가 되어 과잉 생산과 과잉 소비로 자연을 재생될 수 없는 상태로 만들지 말아야 한다. 하나님의 세계 통치에 참여한 청지기로서, 종교적이고 도덕적인 분별력을 가지고 하나님의 뜻과 하나님 나라의 원리를 문화 활동에 적용해야 한다.

- 우리 구역 혹은 교회가 청지기로서 감당하고 있는 일은 무엇인가요?

정리하며

성경의 가르침에 따르면 창조 세계가 고통 받기 시작한 것은 아담과 하와의 타락 이후입니다. 근대 이후에는 인간은 세계에서 창조주인 하나님을 밀어내고 스스로 세계의 지배자를 자처했습니다. 이런 상황에서 우리는 하나님이 처음 주셨던 문화명령을 기억해야 합니다. 은혜언약을 따라 예수 그리스도를 믿음으로 구원받은 우리는 다시 문화명령을 순종하도록 애써야 할 것입니다.

한 주간 약속

소그룹에서 서로 토의하여 자유롭게 만들어 봅시다.

예) 일상생활에서 자연 보존과 문화개혁을 위해 할 수 있는 구체적인 일 생각하여 나누기.

Lesson 7

성숙한 믿음

히브리서 5:11-14

찬양을 드리며: 이 눈에 아무 증거 아니 뵈어도(545장),

주님 약속하신 말씀 위에 서(546장)

주간 약속 나누기: 한 주간의 약속을 나누고 서로의 모습을 있는 그대로 받아 주세요.

마음열기

믿음의 은혜는, 이 은혜로 말미암아 택자(擇者)들이 믿어 자기 영혼의 구원에 이르는데 그리스도의 성령께서 그들의 마음에 행하시는 사역이다. 이 은혜는 보통 말씀의 사역으로 일어난다. 또한 말씀의 사역과 성례의 시행과 기도로 믿음은 커지며 강화된다. <신앙고백서 제14장, 1항>

이 믿음은 정도가 다르며 약하거나 강할 수 있고, 자주 여러 형태로 공격을 받아 약해지기도 하지만, 최후 승리를 얻는다. 이 믿음은 많은 이들 가운데서 우리 믿음의 주요 온전케 하시는 주 그리스도를 통하여 충만한 확실성을 얻을 때까지 자라간다. <신앙고백서 제14장, 3항>

- 성숙한 신앙이 추구해야 할 일상의 삶의 문제를 생각해 보세요.

성경과의 만남

믿음 성숙의 정도는 사람마다 다릅니다. 어린이 수준의 신앙에 머물러 있는 사람이 있고, 성숙한 수준의 신앙에 이른 사람도 있습니다. 많은 사례에서 신앙 성숙은 단계 특성을 보이지만 실제 인생을 회고하면, 신앙은 역동적이어서 죄와 환경의 영향으로 추락하기도 하고, 성령의 역사로 도약하기도 합니다. 그럼에도 우리는 날마다 믿음이 자라가도록 노력해야 합니다.

1. 어린아이 수준의 믿음을 가진 성도의 특징은 무엇입니까? (히 5:12)

➔ 하나님의 말씀을 이해하지 못하고 잘못된 교훈을 분별하지 못하는 모습 등입니다.

해설 '어린아이'라는 말은 성경에서 긍정적인 의미와 부정적인 의미를 모두 가진다. 예수님은 하나님 나라를 가르치시면서 어린아이들이 신뢰하여 즉각적으로 받아들이는 태도를 칭찬하셨고(눅 18:17), 어린아이들의 겸손한 태도를 칭찬하며 성인들을 위한 모범으로 제시하셨다(마 18:4). 신뢰와 수용, 겸손은 비록 어린아이의 특성으로 소개되었지만 실제로는 성숙한 신앙의 특성이라 할 수 있다.

그런데 히브리서의 본문은 발달 단계의 어린아이 수준에 빗대어 성도들을 책망하고 있다. 신앙의 연수를 생각하면 성인이 되었고, 교육 연수를 고려하면 다른 사람을 가르칠 수 있을 정도에 이르러야 정상인데, 여전히 신앙 발달이 지체되어 낮은 단계에 머물러 있어서 하나님의 말씀 이해 수준이 모유와 이유식 먹는 수준이며, 바른 교훈과 잘못된 교훈을 자력으로 분별하지 못하는 미숙한 상태에 머물러 있었기 때문이다. 전인적 미숙함, 의존성, 자기중심성, 지성의 낮은 단계와 같은 특성은 속히 벗어나야 한다.

• 내게 남아 있는 어린아이와 같은 모습은 무엇입니까?

2. 성인 수준의 믿음을 가진 성도의 특징은 무엇입니까? (히 5:14)

➔ 하나님의 말씀을 잘배워 깊이 이해하며 다른 사람을 가르칠 정도의 수준입니다.

해설 믿음과 관련하여 성인이라는 말은 긍정적인 의미를 가진 사례와 부정적인 의미를 가진 사례가 모두 있다. 예수님은 성인들이 스스로 "지혜롭고 슬기 있다"고 생각하여 복음을 들으려 하지 않고 수용하지 않는 모습을 책망하셨다(마 11:25). 이는 강한 선입견과 자기 지성에 대한 확신으로 불신앙을 선택하는 모습으로, 현대 세속사회의 특성이라고 할 수 있다.

그러나 성인이 긍정적인 의미로 언급된 사례도 많다. 히브리서는 신앙의 발달 단계에서 성인 수준에 이르러야 한다고 가르쳤고, 성인 수준 신앙의 특징을 설명하였다. 성인 수준의 신앙은 하나님의 말씀을 잘 배워 깊이 이해하고 있으며, 확신을 가지고 다른 사람을 가르칠 수 있는 수준을 의미한다. 믿음이 성숙하는 방법은 다음 대지에서 살펴보겠다. 성인 수준으로 성장한 신앙은 하나님의 말씀을 기초로 바른 가르침과 잘못된 가르침을 분별한다. 관심과 재미만 따르는 것이 아니라, 좀 딱딱하고 어려운 수준의 말씀도 잘 이해한다. 점차 성인처럼 독립적인 신앙인이 되고, 가정과 교회에서 가르치는 교사의 역할도 수행할 수 있다.

• 나의 신앙 수준은 어디쯤으로 진단합니까?

3. 신앙 성숙의 방법으로 무엇이 있습니까? (벧전 2:2)

➔ 소교리문답 제88문답이 말하는 것처럼 하나님의 말씀, 성례, 기도입니다.

해설 신앙 성숙의 방법은 영적 양식을 섭취하고, 영적 경험을 쌓으며, 영적 교육 및 자기 훈련을 꾸준히 실천하는 것이다. 이를 소교리문답 제88문답이 잘 설명한다. 첫째는 영적 양식인 하나님의 말씀을 듣고, 읽고, 묵상하는 방법이다. 성경을 해설하는 설교와 강의를 경청하고, 성경 공부 시간에 참여하며, 혼자서도 성경을 다독하고 묵상하며 암송하고 필사하는 등 다양한 방법으로 성경을 읽는다.

두 번째는 성례에 참여하는 방법이다. 학습과 세례 교육에 참여한 후 세례를 받고 성찬에 참여하는 영적 경험은 우리의 믿음을 강하게 하고 성장하게 만든다. 학습과 세례 교육은 전통적으로 교리 교육으로 이루어져 왔으므로 믿음의 내용을 체계적으로 이해하는 길이 된다.

세 번째는 기도이다. 교회의 예배, 기도회와 기도 모임에서 기도할 수 있고, 가정기도회를 인도할 수 있다. 혼자 조용한 시간을 정하여 기도하는 것도 좋은 방법이다. 기도는 영적 경험을 강화하여 믿음을 더욱 깊게 한다. 그 외에도 봉사의 실천이 믿음을 성숙하게 만든다.

• 신앙의 성장을 위해 어떤 방법으로 노력하고 있습니까?

정리하며

구원 받아 새롭게 된 그리스도인은 마치 갓 태어난 아기와도 같습니다. 아기가 무럭무럭 자라듯이 신앙도 성숙해져 가야 합니다. 언제고 어린아이에만 머무를 수는 없습니다. 성경은 신앙 성숙의 방법으로 하나님의 말씀을 듣고 읽고 묵상해야 한다고 합니다. 또 예수님이 정하신 성례에 참여하고 하나님께 기도하는 것입니다. 말씀, 성례, 기도. 참 자주 들은 얘기지만 언제나 들어야 할 가르침입니다.

한 주간 약속

소그룹에서 서로 토의하여 자유롭게 만들어 봅시다.

예) 신앙 성장을 위한 구체적인 방법을 계획하여 선택하고 실천하기.

Lesson 8

하나님 나라를 위한 삶

마태복음 6:19-34

찬양을 드리며: 주와 같이 길 가는 것(430장), 옳은 길 따르라 의의 길을(516장)

주간 약속 나누기: 한 주간의 약속을 나누고 서로의 모습을 있는 그대로 받아 주세요.

마음열기

하나님의 창조는 총체적이다. 이 땅의 모든 것은 하나님의 창조이며, 하나님의 소유이다. 주님은 주기도문에서 … 일용할 양식, 죄 사함, 시험과 악에서 구함을 위하여 기도하라고 가르쳤다. 개혁주의 신학은 우리의 생활 전체, 국내외 선교, 교회 봉사와 가정생활에 오직 하나님께 영광을 위하여 살도록 인간의 목적을 제시해 주시는 살아있는 신학을 가르쳐주고 있다. 참된 신학은 신학도들만 하는 것이 아니다. 참된 정치인, 시인, 문인, 군인, 과학자, 법률가, 상업인, 노동자, 농민 할 것 없이 누구에게나 다 적용된다. 개혁주의 신학은 … 총체적인 신학이 되어야 한다. 이근삼, 『개혁주의 신앙과 문화』 중에서.

- 개혁주의 신앙을 가졌다면 우리는 삶의 문제를 어떻게 바라볼 수 있을까요?

성경과의 만남

그리스도인은 거듭난 후 그리스도 안에서 회복된 하나님의 형상으로 살아갑니다. 그리스도인은 이 세상과 삶을 거룩함으로 회복해야 할 책임이 있습니다. 그렇다면 하나님이 우리를 그리스도인으로 부르신 목적 혹은 과제는 구체적으로 무엇일까요? 우리는 그리스도인으로서 이 세상에서 어떤 자세로 살아야 할까요?

1. 세상에서 그리스도인은 어떤 자세로 살아야 합니까? (마 6:24-25)

➔ 일상 문제에 과도히 몰두하여 근심하지 말아야 합니다.

해설 많은 사람들이 원하는 것을 한마디로 정리하면 재물이다. 여기서 말하는 재물은 과도한 사치품이나 고가의 집, 자동차만을 뜻하지 않는다. 일상을 살도록 해주는 의식주도 포함된다. 모든 사람이 의식주에 대한 염려를 가지고 있으며, 이 문제는 재물로 해결할 수 있는 것들이므로 사람들은 재물을 원한다. 예수님은 사람들이 재물을 하나님만큼 원하고 숭배한다고 지적하며, 일상생활에서 항상 이런 필요에 사로잡혀 염려하고 있다고 말씀하셨다.

그런데 예수님은 하나님의 자녀가 청지기로서 이 세상에서 지혜롭게 살아야 하는 사람이지만, 이러한 문제에 몰두함으로써 복음을 들을 여유가 없고 항상 염려하는 사람이 되어서는 안 된다고 가르치셨다. 예수님은 음식보다 목숨이 더 중요하고, 의복보다 몸이 더 중요하다는 점을 강조하여 생명 문제에 일차적인 관심을 가져야 한다고 가르치셨다. 또한, 목숨과 몸을 구원과 영생으로 이끄는 복음을 듣고 하나님의 자녀가 되어야 한다고 하셨다. 복음 안에서 하나님이 우리를 돌보는 아버지가 되심을 깨닫고 신뢰하게 되면 불필요한 염려에서 벗어날 수 있다고 가르치셨다.

• 요즘 내 마음을 사로잡고 있는 걱정거리, 염려는 무엇입니까?

2. 그리스도인은 먼저 무엇을 구해야 합니까? (마 6:33)

➔ 먼저 하나님 나라와 의를 구해야 합니다.

해설 하나님은 재물과 같은 지위에 있어야 할 분이 아니다. 그리고 재물 때문에 내려놓아야 할 분도 아니다(마 6:24). 그런데 세상에서는 많은 사람의 마음과 생각과 염려 내용이 하나님이 아니라 재물이다. 섬겨야 할 대상, 마음의 중심에 있어야 할 내용이 뒤바뀌어 있어서 이런 삶이 계속된다면 하나님을 배역한 인생이 되어 목숨과 몸이 하나님의 심판에 직면할 것이다. 따라서 하나님의 자녀는 하나님을 섬기고, 하나님의 나라와 의를 마음에 두어야 하겠다. 이런 삶은 하나님 자녀의 의로운 삶의 스타일이다. 하나님께서 아버지로서 돌보시는 인생을 살아가는 것이므로 일상의 모든 필요를 채워주시는 하나님의 구원과 축복을 경험하고, 이후에는 안식과 영생에 참여한다. 이런 삶은 더 이상 세상 염려에 사로잡혀 불행 중에 살아가는 삶이 아니라 하나님 신뢰에 기반하여 감사하고 긍정적으로 살아가는 삶이다. 이러한 순서라야 우리는 세상의 일상 문제도 효율적으로 잘 처리해 낼 수 있다.

• 나는 하나님 나라를 위해 무엇을 기도하고 있습니까?

3. 그리스도인으로서 더 적극적으로 참여할 것은 무엇입니까? (마 6:10)

➔ 하나님 나라를 위한 선교와 문화개혁에 참여합니다.

해설 예수님은 하나님 나라를 전하셨다. 예수님은 하나님 나라에 관한 복음의 중심이었다. 예수님이 오신 것은 하나님 나라가 임한 것과 같았다. 그래서 하나님 나라 복음이라 말한다. 예수님은 지금 하나님 우편에서 통치하신다. 재림하시면 하나님 나라의 완성된 통치가 실행될 것이다. 그래서 주기도를 통해 우리는 하나님 나라가 임하고 하나님의 뜻이 온전하게 실행되기를 간구한다.

하나님 나라와 의를 구하는 일은 하나님 나라 복음 선교(전도, 교육)와 하나님 나라 통치 원리인 정의와 사랑과 샬롬(평화)을 실현하는 문화개혁으로 이루어진다. 그리스도인은 하나님 나라 복음을 세계 만민에게 전하여 모든 사람이 하나님의 통치를 수용하고 하나님의 뜻을 따르도록 가르치고 있는 교회의 선교에서 제자도를 실천한다. 그리고 그리스도인은 그리스도의 선지자, 제사장, 왕의 사역에 참여하여 세상의 문화가 하나님의 뜻을 반영하고 실현하도록 삶의 모든 영역에서 하나님의 나라 청지기 직무를 실천한다.

- 나는 하나님 나라를 위해 무슨 일에 관심을 기울이고 있습니까?

정리하며

예수님은 그리스도인들이 먼저 목숨과 몸을 만드셨고 생명을 주셨고 영생을 주실 하나님을 알고, 하나님의 나라와 의를 원하고 찾아야 한다고 가르치셨습니다. 세상은 재물 문제가 가장 우선한다고 말합니다. 그러나 그리스도인에게 의식주 문제, 재물보다 먼저 원하고 찾아야 하는 것은 하나님과 하나님 나라입니다. 다른 데 몰두하지 말고 하나님과 하나님 나라를 추구하며 살아야 할 것입니다.

한 주간 약속

소그룹에서 서로 토의하여 자유롭게 만들어 봅시다.

예) 선교와 문화개혁을 위해 내가 할 수 있는 일이 무엇인지 생각하고 나누기.

4단원

예수 그리스도와 구원

Lesson 1 하나님의 영원한 구원 계획

Lesson 2 오실 것이 예언된 예수 그리스도

Lesson 3 예수님의 이름

Lesson 4 예수님의 생애 1: 공생애 사역

Lesson 5 예수님의 생애 2: 죽음과 부활

Lesson 6 그리스도의 세 가지 직분

Lesson 7 그리스도 안에서 누리는 구속의 은덕

Lesson 8 다시 오실 그리스도

예수 그리스도가 누구이신가를 아는 것은 기독교 신앙 지식의 핵심입니다. 예수 그리스도를 바로 알고 믿지 않고서는 우리 구원을 온전히 이룰 수 없습니다. 예수님은 하나님(神性)이시면서 죄인 된 우리를 구원하시기 위해 세상에 인간(人性)으로 오셨습니다. 대속자로서 십자가에 달려 죽으셨고, 삼일 만에 살아남으로써 부활의 첫 열매가 되었습니다. 예수님의 존재와 사역을 온전히 알고 믿을 때 우리는 구원받고, 성령의 능력으로 예수님을 더욱 닮아갈 수 있습니다. 예수님의 생애와 사역의 의미를 깊이 깨달을수록 우리의 믿음은 더욱 단단해집니다. 8주간의 공부를 통해 예수님이 누구시며 어떤 일을 하셨는지 잘 알고, 예수님과 더 깊은 관계를 맺을 수 있기를 바랍니다.

Lesson 1

하나님의 영원한 구원 계획

에베소서 1:3-7

찬양을 드리며: 나의 영원하신 기업(435장), 나의 죄를 정케 하사(320장)

주간 약속 나누기: 한 주간의 약속을 나누고 서로의 모습을 있는 그대로 받아 주세요.

마음열기

소교리문답 제20문. 하나님은 모든 인류를 죄와 비참한 상태에서 멸망하도록 버려두셨습니까?

답. 하나님은 오직 그의 선하신 뜻을 따라 영원 전부터 어떤 이들을 영생에로 택하시고, 은혜언약을 맺으셔서 구속자로 말미암아 그들을 죄와 비참함의 상태에서 건져 내시고, 구원의 상태에 이르게 하셨습니다.

- 나의 구원이 하나님의 계획 가운데 있다는 말을 들었을 때 어떤 기분이 들었습니까?

성경과의 만남

인간의 타락 후 하나님과 인간, 인간과 인간, 인간과 창조 세계 사이에 친밀성은 사라지고 자기중심적인 원망과 대립이 생겨 관계하기 어렵게 되었습니다. 죄에 대한 하나님의 저주와 심판은 인간을 비참한 삶과 죽음의 운명 안에 가두었고, 창조 세계도 그 결과로 고통 받아 신음하게 되었습니다. 그러나 사랑의 하나님은 인간 구원과 세계 회복을 위해 새로운 은혜언약을 만들어 제안하셨습니다.

1. 타락한 인간을 구원하고자 하나님은 무엇을 계획하셨습니까? (창 17:7)

➔ 하나님은 은혜언약을 세우시고 작정하셨으며 새로운 대표와 언약을 체결하셨습니다.

해설 하나님은 그 은혜언약에 따라 인간의 구원을 위해 영원한 계획을 세우시고 작정하셨으며 새로운 대표자와 언약을 체결하셨다. 언약(계약)은 성경의 중심적인 구조이고, 장로교회의 기본적인 신앙 교리다. 언약은 성경에서 "약속"이라는 말과 비슷한 의미를 가질 때도 있지만, 본래 의미는 특별한 관계 맺음을 뜻하여 오늘날 의미로는 계약과 같다. 계약은 비즈니스 당사자 간에, 통치자와 국민 간에, 국가 간 조약에서 일상적이다. 그러나 하나님이 제안하신 언약은 특별한 성격을 가진 것이므로 우리는 성경에 기록된 대로 언약이라는 표현을 사용한다.

은혜언약은 하나님이 주권적으로 세워 부여하는 특성을 가지고 있다. 그럼에도 은혜와 사랑의 하나님이 제시하시는 언약은 언제나 인간에게 은혜를 베푸시기 위한 방식이다. "나는 너희 하나님이 되고, 너희는 내 백성이 될 것이라"라는 선언에 언약의 핵심이 담겨 있다. 하나님의 은혜언약은 아담과의 언약에서, 이어 노아와 아브라함과 시내산에서, 다윗 언약에서 그리고 선지자들이 예고한 새 언약에서 재확인되고 발전되며 더 구체적으로 계시된다.

아브라함과의 언약은 은혜언약의 기본 내용을 잘 드러내고 있다. 하나님은 아브라함에게 그의 하나님으로서 땅과 자손과 복을 주시겠다고 약속하셨다(창 12:1-3). 하나님은 다윗과 언약에서 메시아적 왕과 하나님 나라를 보이셨고, 구약 선지자들의 새 언약에서 성령과 하나님의 나라를 드러내셨다. 구약의 언약은 그리스도를 통한 새 언약에서 완성된다.

- 세상의 계약과 하나님의 언약을 비교해 보십시오. 공통점과 차이점은 각각 무엇입니까?

2. 은혜언약의 핵심은 무엇입니까?

➔ 오직 예수 그리스도를 통하여 구원이 이루어지고 완성된다는 사실입니다.

해설 하나님이 세우신 은혜언약의 구원 계획은 오직 예수 그리스도를 통하여 이루어지고, 그리스도의 사역 안에서 완성된다. 인간의 죄 문제와 그에 따른 심판으로부터의 구원은 인간 스스로 해결할 수 없다. 이것은 마치 깊은 늪에 빠져 자력으로는 벗어날 수 없는 상태에 이른 것과 같다. 외부의 도움이 필요하다. 그래서 하나님은 은혜언약을 세워 구원의 중보자로 독생자 예수 그리스도를 세상에 보내시기로 작정하셨다. 예수님은 처음부터 세상에 은혜언약의 구원자로 오셨고(마 1:21), 자기 목숨을 많은 사람들의 대속물로 주셨다(막 10:45). 하나님의 은혜언약은 예수 그리스도의 죽음과 부활로 성취된다.

- 은혜언약을 이루시기 위해 오신 예수님이 어떻게 느껴집니까?

3. 그렇다면 타락한 인간은 어떻게 해야 하나요? (요 1:12)

➔ 예수 그리스도를 구주로 믿어 언약의 수혜자가 되어야 합니다.

해설 하나님이 제시하신 은혜언약의 수혜자가 되려면 하나님이 제시하신 방법을 따라야 한다. 하나님은 예수 그리스도를 통해 마련하신 은혜언약 안에 들어오는 방법을 정말 쉽게 만드셨다. 은혜언약을 위해 하나님은 큰 고통과 수고가 따르는 힘든 역할을 담당하셨으나, 언약의 수혜자인 인간에게는 쉬운 방법으로 큰 구원을 누리도록 배려하셨다. 은혜언약의 효력을 위해 하나님은 독생자 예수님의 성육신과 그리스도의 낮아지심(십자가)과 높아지심(부활과 승천)을 준비하셨고, 우리에게는 은혜언약의 내용인 복음을 믿는 것, 곧 예수님을 영접하여 믿는 것만을 요구하셨다. 아담이 행위언약의 대표자였다면 예수 그리스도는 은혜언약의 대표자이므로 그리스도 안에 있으면 은혜언약의 수혜 대상이 된다. 우리는 믿음으로 그리스도 안에 속한 사람이 된다. 이런 배경에서 요한복음 1장 12절은 예수님을 영접하는 것을 믿는 것으로 부연 설명한 후 은혜언약의 수혜자가 됨을 뜻하는 하나님의 자녀가 되는 권세를 받는다고 설명하고 있다. 그러므로 우리는 하나님이 친히 마련하신 복음을 들을 때 예수님을 영접하여 믿음으로 응답해야 하겠다.

예수 그리스도를 믿음으로 구원을 얻게 하신 방법은 하나님의 특별한 배려이다. 이것조차도 거부하면 하나님이 더 이상 은혜로 주실 다른 것이 남아 있지 않다고 해야 할 것이다. 우리의 구원은 온전히 하나님의 은혜일 따름이다. 그래서 우리는 우리의 구원에 대하여 하나님께 감사하고 찬양한다.

- 하나님께서 친히 마련하신 은혜언약의 복음조차 사람들이 거부하는 이유는 무엇일까요?

정리하며

하나님은 세계를 지으시고, 그 지으신 것을 보고 흡족해 하셨습니다. 그러나 인간의 배역으로 행위언약을 범함으로 이 세상에 죄가 들어왔습니다. 그러나 하나님은 새로운 은혜언약을 세우시고 예수 그리스도를 보내셔서 이루셨습니다. 은혜언약을 완성하신 예수님을 믿는 자에게 구원이 주어집니다. 구원을 향한 하나님의 초청이 놀랍지 않습니까?

한 주간 약속

소그룹에서 서로 토의하여 자유롭게 만들어 봅시다.

예) 내가 어떻게 복음을 받아들이게 되었는지 간증 글 쓰기.

Lesson 2

오실 것이 예언된 예수 그리스도

누가복음 7:18-23

찬양을 드리며: 그 맑고 환한 밤중에(112장), 우리 구주 나신 날(121장)

주간 약속 나누기: 한 주간의 약속을 나누고 서로의 모습을 있는 그대로 받아 주세요.

마음열기

성경의 핵심적인 주제는 예수 그리스도를 통한 구원입니다. 구약 성경은 '오실 그리스도'에 대한 약속이고, 신약 성경은 '오신 그리스도'에 대한 기록입니다. 구약 신학자들의 집계에 따르면 구약 성경에 그리스도가 오신다는 약속이 300번 이상 나타나 있다고 합니다. 구약 성경에는 원시역사와 함께 이스라엘 백성의 종교와 역사, 사회 구조와 관습, 지혜와 문학 등 여러 가지 내용이 포함되어 있습니다. 그럼에도 전체를 관통하는 뼈대는 언약이며, 그 은혜언약의 핵심인 "오실 그리스도"의 예언과 대망이 중심에 있습니다.

- 구약 성경에서 예수 그리스도에 관하여 예언된 것 중 기억나는 것을 말해 보세요.

성경과의 만남

세례 요한은 구약 성경에서 예언된 그리스도를 기다린 사람이었습니다. 그는 예수님이 가르치고 행하시는 일을 들은 후 자기 제자들을 예수님께 보내어 "오실 그이가 당신입니까? 우리가 다른 사람을 기다려야 합니까?"라고 질문했습니다. 당시 경건한 사람들은 조상들과 마찬가지로 '오실 그이'(그리스도)를 간절하게 기다렸습니다. 오늘은 구약 성경에 예언된 오실 그리스도에 대한 약속 중 몇 가지를 살펴보겠습니다.

1. 예수 그리스도에 대한 예언이 어디에 나옵니까? (창 3:15)

➔ 구약 성경에 나오는 주요한 언약에서 예언되었습니다.

해설 1) 은혜언약 - 원시 복음: 뱀(사탄)과 여자(교회) 사이에 그리고 '여자의 후손'으로 오시는 그리스도와 사탄 사이에 적개심을 둘 것이며, 사탄이 그리스도를 공격하여 그가 일시적인 고난(죽음)을 받지만, 그리스도가 사탄의 머리를 상하게 하여 궁극적인 승리를 거두리라는 예언이다. 여자는 하와를 뜻하면서도 하나님의 백성 혹은 교회를 뜻하며, 단수형의 '여자의 후손'은 그리스도를 뜻한다. 신학자들은 이 부분을 "원시 복음"이라 부른다.

2) 아브라함 언약: 하나님은 셈의 후손 중 아브람을 선택하시고 언약을 맺으셨다. "내가 너로 큰 민족을 이루고 네게 복을 주

어 네 이름을 창대하게 하리니 너는 복이 될지라"(창 12:2). 그리고 땅과 자손과 복을 보장하는 언약 체결 의식을 실행하셨다(창 15:9-21). 아브라함은 언약 관계 안에서 약속을 보장받았으나 그 약속의 실현은 먼 미래 시점이어서 아브라함은 단지 부분적인 성취만 맛보며 믿음으로 살았다. 아브라함이 경험한 대표적인 하나님의 약속 실현 사건은 이삭의 탄생과 그를 제물로 바쳤던 사건이다. 흥미롭게도 그 사건 가운데서 그리스도의 초자연적 출생과 희생제물 되심, 부활이 예표되었다. 하나님의 약속대로 아브라함과 이삭과 야곱으로 일컬어지는 족장들의 가계는 큰 민족을 이루었고 예수님에까지 이어지는 족보를 형성했다. 예수 그리스도는 아브라함의 자손으로 나셨다.

3) 시내산 언약: 하나님은 출애굽한 백성과 시내산에서 언약을 체결하시고, 십계명과 율법을 주셨다(출 20:1-17). 십계명과 율법은 언약의 구체적 내용을 담고 있다. 시내산 언약은 은혜언약의 흐름에서 아담, 노아, 아브라함과 체결한 언약 내용을 새롭게 확인하고 더 구체화한 것이다. 율법이 요구한 가축 제사는 예수 그리스도의 대속을 예표하였다. 시내산에서 모세는 언약 체결 형식에 따라 제물의 피를 뿌리고 언약서 내용을 낭독하였으며, 하나님의 백성은 언약의 요구 사항을 지킬 것을 선서했다(출 24:7-8).

4) 다윗의 언약: 이스라엘의 왕은 하나님 나라의 왕이신 하나님의 특성을 잘 반영하여 나라를 다스려야 했다. 하지만 세워진 인간 왕들은 제대로 하지 못했고 나라 전체가 불행에 떨어졌다. 그

러나 그 가운데 다윗은 순전한 마음과 행동으로 하나님 나라 왕의 특성을 반영하여 하나님을 기쁘게 했다. 하나님은 다윗과 그의 왕가에 영원한 왕위 계승을 약속하셨다(삼하 7:11-16). 다윗은 많은 시편을 지었으며, 그 시편들은 메시야 왕의 예언을 담고 있다. 다윗의 아들 솔로몬은 하나님이 주신 약속의 복을 누렸다. 물론 다윗 언약에 반영된 영원한 왕은 그리스도 왕을 예표하였다. 그래서 먼 미래에 오신 예수 그리스도는 다윗의 자손으로 불리셨다.

- 오랜 시간에 걸쳐 체결된 언약이 일관된 이유는 무엇일까요?

2. 특별히 이사야 선지자가 예언한 내용은 무엇입니까? (사 7:14)

➔ 예수님께서 동정녀 탄생하실 것과 평화의 왕으로 오시며 고난받는 종으로서 고난 받으실 것과 나라를 회복하실 것을 예언했습니다.

해설 분열 왕국 시대 왕들은 언약 관계 안에 있는 하나님 나라의 이상보다 현실적인 정치적 권력에만 집착하여 종교적 배역의 길을 걸었고, 하나님의 백성도 전반적으로 이방 종교의 영향으로 혼합 종교적인 문화에 익숙해졌다. 하나님의 징계로 주변 국가가 침략하여 약탈하고 결국 왕국이 멸망하였다. 이런 배경에서 하나님이 보내신 선지자들은 하나님의 심판 이후에 그리스도가 통치할 하나님 나라의 도래를 예언하였다.

이사야 선지자는 그리스도의 오심과 사역을 많이 예언하였다.

이사야는 그리스도께서 처녀의 몸에서 나실 것을 예언하였고(사 7:14), 평강의 왕으로 오실 것을 예언하였다(사 9:6). 그리스도의 치유와 회복된 왕국의 기쁨을 예언하였고(사 35:1-10), 특히 대속자로 고난을 겪는 광경을 예언하였다(사 53:16). 미가는 그리스도가 베들레헴에서 탄생하실 것을 예언하였다(미 5:2).

기다림의 세월이 오래 걸렸지만 때가 차매, 결국 하나님의 약속대로 그리스도는 처녀의 몸을 통해 베들레헴에서 탄생하였다. 대속자로서 그리스도는 십자가 죽음으로 우리의 구원을 이루었고, 부활 이후 하나님 나라 통치가 시작되었다. 우리는 예수님을 뛰어난 유대교 랍비 정도로 보아서는 안 된다. 구약 성경의 예언과 복음서에 기록된 증거는 명백하게 예수님이 하나님의 아들이고 그리스도시며 우리의 구세주임을 보여준다.

- 그리스도에 관한 구약 성경 예언 중 가장 강렬한 인상을 주는 것을 선택하고 그 이유를 말해 봅시다.

정리하며

흔히 인류의 4대 성인으로 예수님을 꼽습니다. 그러나 이러한 수준으로 예수님을 이해하는 것은 성경이 증거하는 예수님을 이해하는 것과 차이가 납니다. 성경은 하나님께서 예수님을 오랜 기간 예언되었던 분으로서 은혜언약을 완성하는 분으로 보내셨다고 말합니다. 그렇다면 예수님을 구원자로 믿어야 합니다. 그렇게 할 때 하나님의 은혜언약 안에서 구원과 복의 수혜자가 될 수 있습니다.

한 주간 약속

소그룹에서 서로 토의하여 자유롭게 만들어 봅시다.

예) 구약 성경에서 그리스도에 관한 예언을 10가지 이상 찾아 보기.

Lesson 3

예수님의 이름

마태복음 1:18-23

찬양을 드리며: 놀라운 그 이름(619장), 예수님은 누구신가(96장)

주간 약속 나누기: 한 주간의 약속을 나누고 서로의 모습을 있는 그대로 받아 주세요.

마음열기

옛날 우리나라에서는 아이의 이름을 지을 때 글자로 길흉화복(吉凶禍福)의 운명을 조정하려 했습니다. 따라서 부모들은 사주팔자(四柱八字)의 기본 틀에서 운명을 설명하는 명리학의 기초에서 자녀의 이름을 작명하기 위해 명리학에 밝은 선생을 찾곤 했습니다. 이스라엘에서도 이름은 매우 중요했습니다. 대개 부모의 신앙고백과 기대가 반영되었습니다. 이름이 개인 존재와 인격을 지칭하므로 이름은 자아 형성과 인격 특성에 영향을 줍니다.

- 자기 이름의 뜻과 이름에 관련된 재미있는 일화가 있으면 이야기해 주세요.

성경과의 만남

성경에서 이름은 하나님 계시의 도구로 사용되는 경우가 많습니다. 하나님은 아담, 아브라함, 사라, 이삭, 이스라엘 등 특별한 계시적 의미를 담은 이름을 주셨습니다. 그렇다면 예수님은 어떨까요? 예수님은 은혜언약에 따라 작정되었던 구원자로 오셨기 때문에 이름 자체가 계시의 의미를 담고 있습니다. 예수님께 주어진 이름과 호칭은 하나님이 주신 계시이므로 이름 그 자체가 예수님의 존재와 인격, 지위와 사역의 특성을 드러내고 있습니다.

1. 예수라는 이름의 뜻은 무엇입니까? (마 1:21)

➔ 자기 백성을 그들의 죄에서 구원할 자라는 뜻입니다.

해설 주님의 원래 이름은 예수이다. 이 이름은 탄생하기 전에 천사가 요셉에게 직접 알려 준 이름이다. 천사는 이름의 뜻을 "자기 백성을 그들의 죄에서 구원할 자"라고 명확하게 설명하였다. 주님의 이름은 부모의 기대를 담아 지은 이름이 아니다. 하나님이 주신 이름으로서 예수님의 존재와 사역을 잘 반영하고 있다. 예수님의 구원자 역할은 그분에게 속한 백성의 죄를 대속하여 구원해 주시는 은혜언약의 구원이다. 그러므로 우리는 예수님의 이름을 부를 때, 우선적으로 죄로부터 구원받아 하나님의 은혜언약이 보장하고 있는 구원과 축복을 얻기를 기대해야 하겠다.

• 예수라는 이름의 뜻을 알고 있었습니까?

2. 예수님이 그리스도라는 무슨 뜻입니까? (마 16:16)

➔ 예수님이 기름 부음 받아 세워진 선지자, 제사장, 왕 직분을 통합하여 수행하는 유일한 지도자라는 뜻입니다.

해설 그리스도는 '기름을 붓다'라는 말에서 나온 히브리어 단어 메시야를 그리스어로 번역한 단어이다. 구약 시대에 선지자, 제사장, 왕을 세울 때 율법의 규정에 따라 성령의 임재를 상징하는 기름을 부었는데, 하나님이 보내실 메시야는 하나님이 직접 성령을 주어 세울 지도자였다. 예수님이 세례를 받고 기도하실 때 하늘에서부터 성령이 비둘기 형체로 강림하여 그리스도로서 기름 부음을 받은 분임을 분명히 계시하셨다(눅 3:21-22). 예수님을 그리스도로 아는 사람은 예수님이 참 선지자, 참 제사장, 참 왕의 직분을 통합적으로 수행하는 유일한 지도자임을 인정하는 사람이다. 그런 사람만이 그리스도로서 행하신 일의 결과를 누린다.

• 예수님이 그리스도로서 하신 일들을 생각나는 대로 나누어 보세요.

3. 예수님 스스로 말씀하신 인자는 무슨 뜻입니까? (마 16:13)

➔ 문자적으로는 사람의 아들이란 뜻이지만, 이는 메시야를 지칭하는 표현입니다.

해설 '인자'는 복음서에 80번 이상 나타날 정도로 예수님이 이 단어를 많이 사용하셨다(마 16:27, 24:30 등). 인자(人子)는 문자적으로 '사람의 아들'이라는 뜻이지만 예수님이 지칭한 의미는 다른 의도를 가지고 있다. 사람들은 인자를 들을 때 옛 선지자가 이 단어로 언급한 내용을 떠올렸다. 구약 성경 다니엘서에는 인자와 관련된 의미심장한 예언이 나온다(단 7:13-14). 이 구절에서 "인자 같은 이"는 하나님으로부터 온 메시야(그리스도)를 지칭하는 표현이다. 예수님은 단지 사람의 아들을 지칭하고자 인자 용어를 쓰지 않으셨다. 다니엘이 보았던 인자 같은 그분이 예수님 자신임을 암시하신 표현이다. 따라서 우리는 인자라는 단어로부터 예수님이 하나님이 보내신 그리스도이심을 분명히 알므로 그분을 존귀한 분으로 인정한다.

- 예수님이 인자이심이 어떻게 다가옵니까?

4. 베드로는 예수님을 무엇으로 고백했습니까? (마 16:16)

➔ 베드로는 예수님을 살아 계신 하나님의 아들로 고백했습니다.

해설 주인이라는 뜻의 '주(主)'는 신약 성경에서 사람들이 예수님을 부를 때 가장 즐겨 사용한 호칭이다. 찬송, 기도, 성경 낭독과 같은 예배 맥락에서는 하나님에 대한 호칭(아도나이)이다. 또한 신분 제도가 엄격히 작동하던 당시에는 종이 주인에게, 하급자가 높은 지위의 상급자에게, 제자가 스승에게, 백성과 신하가 왕에게 '주'라고 불렀다.

그런데 베드로는 주를 그리스도 그리고 살아 계신 하나님의 아들과 연결하였다. 마르다도 "이르되 주여 그러하외다 주는 그리스도시요 세상에 오시는 하나님의 아들이신 줄 내가 믿나이다"(요 11:27)라고 말했다. 그리스도는 하나님이 세우신 지도자이며, 하나님의 아들은 존재와 지위가 하나님께 속해 있다는 의미이다. 도마는 부활하신 예수님을 만나고 "나의 주님이시요 나의 하나님이시니이다"라고 고백하였다(요 20:28). 여기서 '주'는 하나님을 지칭한 표현이다. 예수님은 "너는 나를 본고로 믿느냐 보지 못하고 믿는 자들은 복되도다"(요 20:29)라고 말씀하심으로 도마의 고백의 사실성을 확인해 주셨다.

따라서 예수님께 붙여진 '주'라는 호칭은 궁극적으로 하나님의 아들 혹은 하나님에 연결된 호칭이다. 그리스도인들이 예수님을 주님으로 부르게 된 것은 이처럼 예수님에 대한 믿음의 배경과 예배 맥락에서 비롯된 것이다. 예수님은 주님이다. 그분을 주님이라고 불러도 우리 자신이 조금도 사실보다 더 비하되지 않는 호칭이며, 전혀 기분 나쁘지 않은 호칭이다. 오히려 우리가 자발적으로 순종하고 은혜와 호의를 진심으로 기대하는 분에 대한 호칭이다.

- 사람들이 예수님을 존경하면서도 그리스도, 하나님의 아들, 주님으로 부르지 못하는 이유는 무엇일까요?

정리하며

이름은 그 사람의 존재와 인격을 지칭합니다. 그러므로 누군가 우리의 이름이나 부모 이름을 모욕적으로 사용하면 분노합니다. 그렇다면 예수님의 이름은 어떨까요? 우리는 예수님의 이름들을 잘 알고 있고 그 뜻에 걸맞게 대하고 있습니까? 예수님은 자기 백성을 죄에서 구원하시기 위해 여러 사역을 온전히 이루신 분입니다. 그분은 주님이자 참 인자시며 살아계신 하나님의 아들이십니다.

한 주간 약속

소그룹에서 서로 토의하여 자유롭게 만들어 봅시다.

예) 예수님이 그리스도, 하나님의 아들, 주님이라고 확신하는 이유를 써 보세요. 정리된 내용은 전도와 선교에서도 요긴하게 사용될 것입니다.

Lesson 4

예수님의 생애 1: 공생애 사역

마태복음 4:23-25

찬양을 드리며: 내 주의 나라와(208장), 시온성과 같은 교회(210장)

주간 약속 나누기: 한 주간의 약속을 나누고 서로의 모습을 있는 그대로 받아 주세요.

마음열기

신약 성경의 마태, 마가, 누가, 요한복음서는 예수님의 생애와 사역, 가르침을 기록하고 있습니다. 예수님의 생애와 교훈을 잘 알기 위해서는 복음서를 읽어야 합니다. 복음서는 예수님의 탄생과 유년 시절을 일부 기록하지만 주로 30세 이후부터 시작하신 사역과 가르침, 죽음과 부활에 집중하고 있습니다. 이를 공생애(公生涯, 그리스도의 공적 직무 수행 기간)로 부릅니다.

- 기억에 남는 위인전기가 있습니까? 위인전기와 복음서의 차이점은 무엇이라 생각합니까?

성경과의 만남

우리는 복음서를 통해 예수님이 어떤 분인지, 예수님의 가르침은 무엇인지, 예수님이 이 땅에서 무엇을 하셨는지 그리고 그 의미는 무엇인지 알 수 있습니다. 마태복음은 예수님께서 회당에서 가르치시며, 천국 복음을 전파하시고, 모든 병과 약한 것을 고치셨다고 기록합니다(마 4:23, 9:35). 이는 예수님의 공생애 사역을 간단히 요약한 것입니다.

1. 예수님이 공생애 사역 중 우선한 사역은 무엇입니까? (마 7:28)

➔ 예수님은 공생애 사역 중 가르치는 사역을 우선하셨습니다.

해설 가르치는 활동(교육)은 공생애 사역 가운데 가장 중요하고 우선적인 사역이었다. 특히 마태복음에는 다음과 같이 예수님의 가르침이 풍성하다: 산상수훈(5-7장), 제자의 길(10장), 천국 비유(13장), 천국 백성의 생활(18장), 감람산 종말교훈(24-25장). 이렇게 예수님의 가르침은 하나님 나라와 그리스도에 관한 것이면서도 쉬웠고 일상적인 삶과 깊이 관련되어 있어 사람들에게 큰 감동을 주었다. 예수님의 가르침은 그 당시 바리새인과 서기관들과 큰 차이를 보여주었다. 예수님의 가르침에는 진리와 영의 권위가 있었다. 그래서 예수님의 설교를 들었던 많은 사람은 깜짝 놀랐다. 예수님의 교육 사역이 오늘날 교회에 주어졌다. 복음과 하나님의 나라는 교육을 통해 다음 세대와 개종자들에게 전달된다. 교회에서 교육활동이 줄고 교육에 관한 관심이 약해지면 교회의 미래가 없다. 교육은 교회의 본질적인 기능과 활동이므로 결코 포기할 수 없다.

- 우리 교회는 가르치는 사역을 잘 감당하고 있습니까?

2. 예수님은 사람들에게 무엇을 전파하셨습니까? (막 6:12)

➔ 예수님은 사람들에게 천국 복음을 전파하셨습니다.

해설 교육이 교회 내에서 이루어지는 일이라면 전파 곧 전도와 선교는 교회 밖에 있는 사람들에게 전하는 사역이었다. 교육과 전파는 내용 차이가 아니라 전달 형식, 받는 대상 등에서 차이가 난다. 영적 암흑기를 겪던 사람들은 예수님이 가르치신 하나님 나라의 복음을 듣고 새로운 힘을 얻었다. 부활하신 예수님은 제자들에게 복음을 전파하라고 말씀하셨다(행 1:3). 예수님의 예고대로 성령님이 오신 후로는 사도들을 중심으로 복음이 땅 끝까지 전파되었다(행 1:8). 사도들의 후계자들도 이방인 지역에 복음을 전하여 교회를 세웠다. 신약 성경에 기록된 교회 활동을 분석해 보면 교회의 가장 두드러진 사역은 복음 전파였다. 오늘날에는 전도와 선교를 크게 구분하지 않고 모두 선교를 사용한다. 오늘날 신학자들은 성경 기록과 교회사 맥락에서 “선교적 교회”라는 말을 즐겨 사용한다. 이 표현은 선교가 교회를 이끄는 주된 특성이어야 함을 강조하려는 의도이다. 교회의 지체인 그리스도인은 교회의 선교 사역에 참여하여 복음을 전파한다. 그리고 개인적으로 일상의 삶에서 만나는 사람들에게 복음을 전파한다(벧전 3:15). 이로써 우리는 예수님의 지상명령에 순종한다.

• 우리 교회는 복음 전파와 선교 사역을 잘 감당하고 있습니까?

3. 예수님은 인간들의 불행을 어떻게 대하셨습니까? (마 4:24)

➔ 예수님은 불행한 인간들의 질병을 고치시고 먹을 것을 주셨습니다.

해설 인간의 범죄로 인해 생겨난 신체의 질병과 정신적인 질병, 심지어 죽음까지 예수님은 고치셨다. 질병을 치료하신 일은 그분이 인간의 죄와 비참함에서 비롯된 운명과 현실을 온전히 구원하시는 그리스도임을 드러내는 행동 계시가 되었다. 그러나 복음의 의미를 충분히 이해하지 못한 채 질병 치료에만 관심을 가질 때는 치료를 거부하심으로써 그분을 의사로만 생각하지 않게 하셨다. 이러한 권세는 제자들에게도 이어졌다. 베드로와 바울도 병자들을 위해 기도하고 회복시켰다. 이런 모습은 교회의 사역으로 이어졌다. 교회는 병자들을 돌보고, 회복을 위해 기도하고, 병원을 세워 의술로 치료하는 일을 지원하였다. 의학의 발전에 따라 교회와 병원은 고유한 본질과 전문성에 따라 분화되었다. 그러나 오늘날도 교회는 병자의 회복을 위해 기도하는 일을 계속하고 있고, 선교 활동에서는 교회와 병원이 동역한다.

예수님은 사람들의 생존을 위한 기본 필요에도 깊은 관심을 보이셨다. 대표적인 사건이 오천 명을 먹이신 사건과 사천 명을 먹이신 사건이다. 예수님은 가난한 사람들을 자신과 동일시하실 정도로 관심이 많으셨다(마 25:35-36). 이에 따라 오순절 이후 교회는 가난한 사람들을 위한 공동 식사를 제공하였고, 구제를 위해 헌금하였으며, 구제를 효율적으로 실행할 수 있도록 사람을 세웠다. 이 일이 집사 직분으로 발전하였다. 교회가 병원을 운영하듯이 교회는 고아와 과부와 고령자를 위한 복지 기관을 운영하며 구제 사역에 힘썼다. 오늘날 복지 제도의 발전에 따라 교회와 복지 기관은 고유한 본질과 전문성에 따라 분화되었다. 그럼에도 교회는 여전히 구제를 주요한 사역으로 실행하고 있고, 선교 사역은 구제 사역을 동반한다.

• 우리 교회는 치료와 구제 사역을 잘 감당하고 있습니까?

정리하며

예수님이 공생애 동안 하셨던 3가지 사역 곧 가르치고(교육), 복음을 전파하시고(전도와 선교), 모든 병과 약한 것을 고치신(치료와 구제) 사역은 교회의 사역이 되었고, 그리스도인 삶의 주요한 관심사가 되었습니다. 우리는 그리스도인으로서 그리스도께서 하신 사역에 따라 교회와 함께 이 3가지 사역에 충실히 참여할 수 있어야 하겠습니다.

한 주간 약속

소그룹에서 서로 토의하여 자유롭게 만들어 봅시다.

예) 구역 사역은 예수님의 3가지 사역 중 어디에 더 관심을 많이 기울이는 것이 좋을지 생각하고 나누어 보세요.

Lesson 5

예수님의 생애 2: 죽음과 부활

마가복음 10:45

찬양을 드리며: 만왕의 왕 내 주께서(151장), 생명의 주여 면류관(154장)

주간 약속 나누기: 한 주간의 약속을 나누고 서로의 모습을 있는 그대로 받아 주세요.

마음열기

전기(傳記) 작가가 한 사람의 생애를 기록할 때 생애 시간 분량과 책 내용 분량을 동등하게 배분하지 않고 특정 생애 시간과 사건 기록에 더 많은 분량을 배분한다면 작가의 강조점을 파악하기 쉬울 것입니다. 복음서 중 마가복음은 예수님의 고난과 죽음에 집중하고 있는데, 전체 16장 중에서 6장이 예수님 생애의 마지막 한 주간 곧 예루살렘 성에 들어가실 때의 사건에서부터 죽음과 부활까지의 기록입니다. 이는 마가복음 전체의 40% 정도에 해당됩니다.

- 마가복음이 예수님의 고난과 죽음에 집중하고 있는 이유는 무엇일까요? 나는 예수님의 어떤 모습이나 사역에 집중하나요?

성경과의 만남

예수님은 여느 영웅이나 위인과 달리 장수하지 못했고, 장렬한 죽음을 맞이한 것도 아닙니다. 예수님은 순순히 붙잡혔고 흉악한 죄수처럼 십자가형을 당하여 죽으셨습니다. 그러나 부활하시고 승천하심으로써 다른 역사적 위인과 비교할 수 없는 존재임을 드러내었습니다. 사후에 인위적으로 의미를 부여하여 추앙하고 높인 것이 아니라, 예수님 자신이 미리 그분의 고난과 죽음의 의미를 설명하셨고, 부활과 승천으로 그 의미를 증명하셨습니다. 오늘은 예수님의 죽음과 부활의 의미에 관하여 간단하게 정리해 보겠습니다.

1. 예수님이 이 땅에 오신 이유는 무엇입니까? (막 10:45)

➔ 예수님은 자기를 대속물로 주기 위해 오셨습니다. 이는 오래 전부터 예인되있습니다.

해설 예수님의 대속적 죽음은 이미 오래 전부터 예고되었다. 원시 복음에서부터(창 3:21) 구약 시대 제사들을 비롯해 이사야로 대표되는 선지자들의 예언이 그것이다. 예수님보다 700여 년 앞서서 이사야 선지자는 '고난 받는 종의 예언'으로 그리스도의 대속적 고난을 잘 드러냈다(사 53:4-5). 뿐만 아니라 예수님 자신이 생애 동안 제자들에게 여러 번 고난과 죽음, 부활을 예고하셨다. 예루살렘 성으로 여행하시는 동안 제자들에게 그분이 이 세상에 온 목적을 은혜 언약의 구원을 위한 섬김이며, "자기 목숨을 많은 사람의 대속물로 주려 함"이라고 명확하게 설명하셨다(막 10:45).

• 대속적 죽음을 알고 사신 예수님이 어떻게 느껴집니까?

2. 예수님은 어떤 방식으로 죽으셨습니까? (마 27:46)

➔ 예수님은 십자가형으로 죽으셨습니다.

해설 예수님은 공회에서 대제사장의 불공정하고 적의적인 재판을 받으셨고, 로마 총독 빌라도의 정치적 결정에 따라 십자가형이 집행되어 죽으셨다. 복음서 기록자들은 예수님이 받으신 재판, 고난과 형 집행, 현장에 있던 사람들의 반응을 생생하게 서술하였다. 우리는 복음서를 읽으면서 예수님이 누구신지, 그리고 예수님의 죽음의 성격과 의미가 무엇인지 알 수 있다. 다음 몇 가지 예수님의 말씀과 증언은 예수님의 죽음의 의미를 잘 드러낸다: (1) "엘리 엘리 라마 사박다니"(마 27:46): 예수님은 심판 대상자가 되어 하나님으로부터 버림받는 심적 상태를 처절하게 토해내셨다. 하나님의 아들, 하나님이 사랑하는 아들로 칭해진 분이 우리를 대신한 속죄 제물로서 하나님의 저주와 심판을 당하는 자가 된 시점의 영적 고통은 감당하기 어려운 것이었다. (2) "다 이루었다"(요 19:30): 예수님은 그분의 대속적 죽음으로 하나님의 은혜 언약 구원의 궁극적 요구를 모두 마무리하셨다는 뜻으로 "다 이루었다"라는 말을 토해내셨다. 그리스도의 대속 죽음으로 은혜 언약 구원은 확실해졌다. 그분의 죽음은 그분 안에 있는 모든 사람의 구원을 보장한다. (3) "이는 진실로 하나님의 아들이었도다"(마 27:54, 막 15:39, 눅 23:47): 십자가형을 집행한 로마 군대 백부장은 예수님이 로마 시민법으로는 무죄하다는 것을 알았다. 유대 지도자들의 종교 권력 의도와 교활함, 빌라도의 판결이 정치적 결정임을 잘 알고 있었다. 그는 재판과 사형 집행 과정에서 예수님이 보이신 의로움과 위엄을 가장 가까이에서 본 사람으로서 예수님을 하나님의 아들로 증언하였다.

- 십자가 위에서 고난당하신 예수님이 어떻게 느껴집니까?

3. 예수님은 계속 무덤에 머물러 계셨습니까? (고전 15:4)

➔ 아닙니다. 성경대로 사흘 만에 다시 살아나셨습니다.

해설 로마 군대 집행관들이 예수님의 죽음을 확인하고 무덤에 안치하였다. 예수님의 죽음을 빌라도와 로마 군대, 유대인과 종교 지도자들, 예수님의 제자들 모두 확인했다는 의미이다. 그럼에도 예수님은 사흘 만에 부활하셨다. 예수님의 부활은 생물학적 몸의 자연적 회복이 아니라 하나님의 능력으로 변형된 몸의 부활이었다. 부활도 '성경대로' 된 일이었다(고전 15:4). 부활 신앙은 먼 옛날 아브라함의 이삭 제사에서 이미 반영되었으며, 예수님 자신도 생애 동안 제자들에게 부활을 여러 번 예고하셨다(막 8:31, 9:31, 10:34). 예수님은 부활하신 후 40일 동안 마리아, 베드로, 열두 제자, 500여 제자, 야고보, 바울에게 보이시고 말씀하셨다(고전 15:4-8).

하나님은 예수님이 은혜 언약의 구원자 그리스도로서 십자가의 죽음으로 대속 제물이 되시고 부활로써 중보자가 되어 구원을 완벽하게 이루시도록 작정해 두셨다. 그리스도는 은혜 언약의 대표자로서 그분을 믿어 그분 안에 있는 사람을 영적 운명에 있어서 그분의 십자가 안에서 함께 죽고 그분의 부활 안에서 함께 살아 새로운 존재가 되게 하셨다. 그리스도의 부활 안에서 그리스도인은 의인으로 그리고 하나님의 자녀로 살아갈 수 있게 되었다. 예수님의 부활은 우리 부활의 보증이어서 우리는 부활과 영생을 소망한다.

예수님의 십자가 죽음과 부활은 우리를 구원하여 풍성한 삶을 살게 한다(요 10:10). 우리는 이제 아담 안에 있는 사람이 아니라 은혜 언약의 대표인 그리스도 안에 있는 사람이 되었다. 우리는 그리스도의 죽음으로 구원받고 부활로 새 생명을 얻어 성령의 도움으로 하나님의 은혜 안에서 풍성한 삶을 살아갈 수 있게 되었다.

- 예수님의 부활을 부정하는 사람들에게 어떻게 복음을 전할 수 있을까요?

정리하며

역사적 위인들은 일반적으로 나이가 들어 죽거나 또는 장렬한 죽음을 맞이하면 후대 사람들은 기념비를 세우거나 큰 무덤을 만들어 교육 방편으로 삼습니다. 예수님 생애의 마지막 부분은 역사의 다른 위인(偉人)들과 비교할 때 매우 독특합니다. 장렬한 죽음이 아닌 비참한 죽음이었습니다. 그러나 예수님은 무덤에 묻혀 계시지 않고 부활 승천하셔서 온 세상을 다스리고 계십니다. 예수님은 이로써 다른 역사적 위인과 비교할 수 없는 존재임을 드러내었습니다.

한 주간 약속

소그룹에서 서로 토의하여 자유롭게 만들어 봅시다.

예) 마가복음 전체를 읽고 소감 나누기.

Lesson 6

그리스도의 세 가지 직분

신명기 18:18, 시편 4:3, 2:6

찬양을 드리며: 예수님은 누구신가(96장), 나의 기쁨 나의 소망되시며(95장)

주간 약속 나누기: 한 주간의 약속을 나누고 서로의 모습을 있는 그대로 받아 주세요.

마음열기

그리스도는 우리의 구속자로서 선지자와 제사장과 왕의 직분을 수행하시되, 낮아지심과 높아지심의 상태에서 수행하십니다. … 우리를 구원하시기 위한 하나님의 뜻을 그의 말씀과 성령으로 우리에게 나타내심으로 선지자직을 수행하십니다. … 제사장직을 수행하시는 것은 단번에 자기를 제물로 드려 하나님의 공의를 만족하게 하시며, 우리를 하나님과 더불어 다시금 화목하게 하시고, 우리를 위하여 끊임없이 중보하시는 것입니다. … 왕직을 수행하시는 것은 우리를 자기에게 복종하게 하시고, 우리를 다스리시고 보호하시며, 자기와 우리의 모든 원수를 억제하시고 정복하시는 것입니다. <소교리문답 제24-26문답>

• 그리스도의 세 가지 직분은 내 신앙과 삶에 어떤 연관이 있을까요?

성경과의 만남

구약 성경에서 하나님이 기름 부어 세우신 직분은 제사장, 선지자, 왕인데, 이 세 가지 직분 모두를 통합하여 완전한 수준에서 수행하는 구원자가 그리스도입니다. 성경의 가르침에 따라 칼빈을 비롯한 종교개혁자들은 그리스도로 오신 예수님이 세 가지 직분을 수행하셨다고 보았습니다. 그에 따라 세 가지 직분의 관점에서 예수님의 구원 사역을 정리하였고, 그 내용은 장로교회와 개혁교회의 교리문답서에 잘 정리되어 있습니다.

1. 예수님은 어떻게 선지자 사역을 감당하셨습니까? (마 16:14)

➔ 예수님은 말씀을 선포하시고 이적을 보임으로써 선지자 사역을 감당하셨습니다.

해설 오늘날 우리 시대는 시식 정보 사회로 불린다. 하나님께서 주신 지성을 사용하여 논리적으로 생각하고, 과학적인 방법으로 관찰하고 실험하며, 교육을 통해 정보를 제공하고 지적 역량을 높여 인간 스스로 "호모 사피엔스"(지혜로운 사람)라고 부르는 특별한 존재가 되었다. 그러나 인간 지성과 지혜는 피조물로서 한계와 타락으로 인한 죄성 때문에 오류를 범하고 왜곡되게 해석한다. 특히 하나님과 궁극적 진리에 대해서는 제대로 접근하지 못한다.

그러므로 하나님은 친히 말씀을 계시하셨는데, 선지자가 그 역할을 감당하였다. 선지자는 하나님의 대변인으로서 하나님의 말씀을 받아 전달하는 역할을 하였다. 선지자들은 성령의 역사를 통해 강력하게 선포하고 호소하거나, 특이한 행동이나 하나님의 이적을 보여주는 방식으로 일했다. 이런 면에서 그 누구보다 예수님은 선지자직을 잘 감당하셨다. 예수님은 선지자로서 하나님의 뜻을 완전히 계시하셨다. 우리는 믿음으로 그리스도께 속한 사람이 되어 예수님의 사역에 참여한다. 그리스도인은 일반적 의미에서 성령의 역사에 따라 복음과 하나님의 나라, 성경 말씀을 전하는 방식으로 그리스도의 선지자직에 참여한다.

• 그리스도 안에서 선지자 직분 수행에 참여하고 있는 우리의 과제는 무엇일까요?

2. 예수님은 어떻게 제사장 사역을 감당하셨습니까? (히 5:5-6, 9:28)

➔ 예수님은 자기 몸을 드려 제물이 되심으로 제사장 사역을 감당하셨습니다.

해설 제사장은 은혜 언약에 따라 제사로 속죄 의식을 집행하고 질병의 정결 업무를 담당하며 율법을 낭독하여 가르치는 지도자였다. 하나님은 시내산에서 아론의 후손에게 이 직분을 맡기셨다. 예수님은 다윗의 후손으로 오셨기에 제사장 직분을 가지지 않으신 것처럼 보인다. 그러나 히브리서는 하나님이 특별히 세우신 대제사장 멜기세덱을 언급하며 예수님은 그의 반차를 따르는 대제사장이라고 설명한다. 예수님은 은혜 언약의 대속적 구원을 위해 하나님이 특별히 세운 완전한 제사장, 곧 그리스도로서 중보자 역할을 하셨다. 예수님의 제사장으로서의 특별한 점은 그분 자신이 제물이 되셨다는 데 있다. 히브리서 말씀은 분명히 증거하며, 사도 바울도 예수님이 화목 제물이었다고 설명하였다(롬 3:25). 무엇보다 예수님 자신이 자기 몸을 드릴 것을 예언하셨다(요 2:19).

예수님이 제사장으로 섬기시므로 우리는 그리스도 안에서 하나님과 화평의 관계를 누리며 하나님의 구원과 복을 누릴 수 있게 되었다. 그리스도를 믿는 우리는 왕 같은 제사장이 되었다(벧전 2:9). 하이델베르크 교리문답 제32문답은 우리가 그리스도의 기름 부음에 참여하여 "나 자신을 살아있는 감사 제물로 그분께 드릴 수 있게 되었다"고 한다(롬 12:1).

- 그리스도 안에서 제사장 직분 수행에 참여하고 있는 우리의 과제는 무엇일까요?

3. 왕으로서 예수님은 어떻게 다스리고 계십니까? (사 9:6)

➔ 승천하신 예수님은 세상을 영적으로 다스리고 계시며 재림 후 직접 통치하실 것입니다.

해설 그리스도는 왕적 지도자를 뜻했다. 그러므로 로마 제국의 식민 통치를 받던 유대인들은 그리스도로 오신 예수님을 오해하였다. 그들은 예수님이 정치적 해방 운동의 지도자가 되어 자기

들을 로마로부터 구원해 줄 것을 기대했다. 예수님은 그리스도로서 왕이고 다윗의 후손으로서 유대인의 왕이지만, 그분의 나라와 왕권은 이스라엘의 왕권과 일치하지 않았다. 예수님이 전하신 하나님 나라는 하나님이 통치하는 나라로서 영적 세계와 우주적인 범위, 시간으로는 영원 전부터 이후 영원까지 이르는 나라였다.

부활하신 예수님은 하나님으로부터 "하늘과 땅의 모든 권세를" 받으시고(마 28:18), "하늘로 올려지사 하나님 우편에"(막 16:19) 앉으셔서 왕으로 영적 세계와 온 우주를 통치하고 계신다. 그리스도는 은혜 언약의 방식대로 마지막에 이르기까지는 영적 방식으로 통치하시지만, 재림하시면 직접적인 통치 방식으로 심판을 집행하실 것이며 하나님 나라를 완결하실 것이다.

우리는 그리스도 안에서 하나님 나라의 시민, 왕이신 하나님의 자녀가 되었다. 사도 바울이 설명한 것처럼 그리스도께서 하나님 우편에 앉으셨으므로 우리도 그리스도 안에서 하늘에 앉은 사람들이 되었다(엡 2:6). 하이델베르크 교리문답 제32문답이 설명한 것처럼, 우리는 그리스도의 기름 부음에 참여하고 있으므로 그리스도의 왕적 직무에 참여하여, "이 세상 생활에서 자유로운 법을 가지고 죄와 마귀에 대항하여 싸울 수 있으며, 그리스도와 더불어 지금부터 영원히 모든 피조물들을 다스릴 수 있게 되었습니다."

- 그리스도 안에서 왕 직분 수행에 참여하고 있는 우리의 과제는 무엇일까요?

정리하며

참된 그리스도이신 예수님은 홀로 선지자, 제사장, 왕 직분을 통합하여 수행하셨습니다. 그 누구도 범접할 수 없는 사역으로써 은혜언약의 구원을 이루셨습니다. 우리는 예수님을 그리스도로 믿어 구원을 얻는 동시에 그리스도인이란 이름을 얻었습니다. 이는 우리가 그리스도의 사역에 참여한다는 뜻이기도 합니다.

한 주간 약속

소그룹에서 서로 토의하여 자유롭게 만들어 봅시다.

예) 예수님이 완전한 선지자, 제사장, 왕이 되신다는 것이 우리의 구원과 삶에 어떤 유익을 주는지 생각하고 나누기.

Lesson 7

그리스도 안에서 누리는 구속의 은덕

고린도후서 5:17

찬양을 드리며: 내 영혼이 은총 입어(438장), 사랑하는 주님 앞에(220장)

주간 약속 나누기: 한 주간의 약속을 나누고 서로의 모습을 있는 그대로 받아 주세요.

마음열기

우리는 몸의 건강을 위해서도 운동과 절제, 규칙적인 생활이 필요하다는 것을 잘 알고 있습니다. 그와 같이 경건의 훈련도 큰 유익이 있습니다. 사도 바울은 "육체의 연단은 약간의 유익이 있으나 경건은 범사에 유익하니 금생과 내생에 약속이 있느니라"(딤전 4:8)라고 말하여 경건의 훈련은 몸의 훈련보다 더 큰 유익이 있다고 설명했습니다. 시작하기가 힘들지만 막상 시작하면 운동이 우리에게 즐거움을 주는 것처럼, 경건 훈련도 규칙적인 습관이 되면 힘들지 않고 오히려 행복을 줍니다.

- 건강을 위해 어떤 운동을 합니까? 그러면 영혼의 건강과 영적 전투를 위해 어떤 훈련을 하고 있습니까?

성경과의 만남

그리스도께서 이루신 구원의 풍성한 혜택이 그리스도 안에 있는 우리에게 주어집니다. 이 은혜는 하나님 나라 통치 아래서 영적 전투에 참여하는 그리스도인에게 큰 힘이 됩니다. 오늘은 현세적 삶을 사는 가운데 우리가 그리스도 안에서 누리는 혜택과 그 혜택을 받는 통로를 살펴보겠습니다.

1. 우리는 그리스도 안에서 어떻게 변화되었습니까? (고후 5:17)

➔ 우리는 그리스도 안에서 혜택 받은 새로운 피조물로 변화되었습니다.

해설 복음을 듣고 예수님을 그리스도로 믿어 그 마음속에 모시는 사람은 그리스도 안에 있게 되어 구원을 얻는다. 이미 영적으로 큰 변화가 시작되었고, 이 변화는 운명을 바꾸는 변화이므로 그리스도인은 "새로운 피조물"로 칭해진다. 새로운 피조물로서 우리는 현세의 삶 가운데서 그리스도께서 이루신 구원의 많은 혜택(은덕)을 누리게 된다.

구원의 은덕(혜택)은 성령님의 역사로 우리에게 주어진다. 소교리문답 제30-38문답에 따르면, (1) 우리는 효력 있는 부르심을 받아 그리스도를 진심으로 영접할 수 있게 된다. (2) 우리는 칭의를 얻은 사람들이 된다. (3) 하나님의 양자로 인정받아 특권을 누리게 된다. (4) 하나님의 형상을 좇아 성화된다. (5) 죽는 즉시 거룩하게 되어 영광에 들어간다. (6) 부활에 참여하여 영생을 누린다. 그리고 이 전체 과정에서 하나님의 사랑에 대한 확신, 양심의 평안, 성령 안에서의 기쁨, 은혜의 증가, 은혜 안에서 끝까지 견디는 은덕을 얻게 된다. 성령님이 주시는 그리스도 구속의 은덕은 죄와 사망이 지배하는 현세에서 그리스도인들이 영적으로 건강하게 성장하고, 영적 전투에서 승리할 수 있는 힘을 제공해 준다.

- 나는 그리스도의 구속 은덕을 어느 정도 누리고 있다고 봅니까?

2. 새롭게 된 그리스도인이 모인 교회는 어떤 공동체입니까? (고전 12:13, 27)

➜ 교회 공동체는 그리스도의 구속 은덕을 전달하는 통로입니다.

해설 그리스도 안에 있는 교회는 성령님의 역사로 그리스도의 구속 은덕이 전달되어 그리스도인들에게 영적 양식을 제공하고 성장시킴으로써, 강력한 군대가 되어 영적 전투에 참여하도록 훈련하는 센터입니다. 교회는 예배, 교육, 선교, 교제, 봉사의 사역으로 그리스도인들을 돌보고 교육하며 훈련합니다. 따라서 교회는 그리스도인들에게 돌보는 어머니, 교육하는 학교, 하나님의 영적 군대와 같습니다. 교회의 사역을 통해 우리는 그리스도의 구속 은덕을 체험하고, 더 잘 알게 되며, 풍성히 누리는 법을 배웁니다. 그리스도인은 성숙한 수준에서 교회 직분을 얻어 봉사할 때 그리스도의 구속 은덕을 더 깊이 누리게 됩니다.

현세의 개체교회는 성숙의 과정 안에 있는 사람들의 한계 때문에 때때로 실망을 느끼거나 시험을 받을 수 있습니다. 그러나 그리스도의 교회는 성령님이 역사하는 공동체로서, 성경의 가르침에 따라 지속적으로 개혁하여 온전한 교회로 나아갑니다. 따라서 그리스도인들은 그리스도 안에서 구속 은덕을 누리고 공급받기 위해 언제나 교회 안에 거해야 하며, 규칙적으로 예배에 참석하고 모임을 힘써야 할 것입니다(행 2:46, 히 10:25).

- 나는 우리 교회에서 그리스도의 구속 은덕을 어느 정도 누리고 있다고 봅니까?

3. 그리스도의 구속 은덕을 전달하는 방편은 무엇입니까?

➔ 말씀과 성례와 기도는 그리스도의 구속 은덕을 전달하는 방편입니다.

해설 소교리문답 제88문은 구속의 은덕을 전달하는 방편으로 말씀, 성례, 기도를 정리하였다. 먼저 성경 말씀은 설교와 성경 공부, 성경 읽기와 듣기, 묵상 등을 통해 구속의 은덕을 전달한다. 하나님의 말씀을 들을 때 마음의 깨달음이 생기고, 믿음이 자라며, 회개의 결심이 서고, 하나님의 뜻을 따르겠다는 결단이 일어난다. 하나님의 말씀은 구원과 종교적인 문제뿐만 아니라 학문과 일, 삶의 문제에서도 진리와 지혜의 깊은 통찰을 준다. 이처럼 하나님의 말씀은 하나님이 우리에게 주신 엄청난 선물이다. 그러므로 우리는 부지런히 믿음과 사랑의 마음으로 말씀을 받고, 마음에 두고 실천하여 구속의 은덕을 풍성하게 누려야 한다. 이어지는 성례는 그리스도께서 구속의 은덕을 주기 위해 제정하신 활동이다. 세례와 성찬에서 성령의 역사로 그리스도인은 구속의 은덕에 바로 연결되어 확신을 얻고, 영적으로 양육받으며 은혜 안에서 성장한다. 마지막으로 기도는 그리스도의 이름으로 우리의 소원을 하나님께 아뢰는 활동이다. 기도를 통해 하나님과 소통하고, 일상의 죄에 대하여 사죄함을 얻으며, 하나님의 뜻에 따라 응답을 받는다. 기도는 하나님의 자녀로서 누리는 풍성한 특권이다. 우리는 기도의 응답을 통해 하나님의 은혜를 체험한다. 그리고 부수적이지만 기도는 우리를 영적으로 성숙하게 하고, 인내하는 힘을 주며, 마음의 평안을 준다.

- 그리스도의 구속 은덕을 특별하게 경험한 활동은 무엇이었습니까?

정리하며

운동선수들이 금메달 혹은 우승의 영광을 얻은 배후에는 코치의 지도로 체계적인 훈련을 통해 만들어진 기초체력과 기능 숙달의 몸만들기가 있습니다. 그리스도인은 이미 얻은 그리스도의 승리를 기반으로 하나님 나라의 남아 있는 영적 전투에 참여하기 위한 '영적 몸만들기' 훈련을 계속해야 합니다. 이 훈련은 교회에서 가능합니다. 그리스도인은 교회에서 그리스도의 은덕을 누리기 위해 꾸준히 애써야 합니다.

한 주간 약속

소그룹에서 서로 토의하여 자유롭게 만들어 봅시다.

예) 규칙적인 경건 훈련으로 영적 몸만들기 하는 것 나누기.

Lesson 8

다시 오실 그리스도

마태복음 24:29-31

찬양을 드리며: 주 예수의 강림이(179장), 충성하라 죽도록(333장)

주간 약속 나누기: 한 주간의 약속을 나누고 서로의 모습을 있는 그대로 받아 주세요.

마음열기

재림이 임박했다고 떠들며 교회와 사회를 어지럽힌 사례가 교회 역사에서 자주 있습니다. 이런 사례들은 주로 전쟁, 전염병, 정치 사회적 격변기, 세기 변화의 시기에 자주 등장합니다. 이들은 자기를 동조하는 사람들과 함께 종말론 집단을 만들어 교회 밖으로 나가 독립 교단을 세웠습니다. 우리나라의 경우 특히 다미선교회가 1992년 1월 28일에 휴거가 일어날 것이라 주장하여 시민들에게 큰 충격을 주었습니다. 지금도 종말론을 근거로 일상에서 나와 국내외의 고립된 장소에서 공동생활을 하는 이단들이 있습니다.

- 예수님의 재림 시기에 대한 이야기를 들어본 일이 있다면 이야기해 보세요.

성경과의 만남

예수님은 제자들에게 자신의 재림과 심판을 여러 번 예고하셨습니다(마 24:29-31). 예수님의 승천 광경을 바라보던 제자들에게 천사들이 예수님의 재림을 예고했습니다(행 1:11). 사도 베드로(벧후 3:10)와 바울(살전 5:2)은 서신서에서 종말에 유의하도록 가르쳤습니다. 성경의 마지막 책인 요한계시록을 보면 종말의 심판과 하나님 나라 완성을 보이셨던 주님은 "내가 진실로 속히 오리라"고 확언하였으며, 요한은 "아멘 주 예수여 오시옵소서"라고 응답했습니다(계 22:20). 그러면 재림의 의미와 교훈의 주요한 부분을 살펴봅시다.

1. 예수님의 재림 때 무슨 일이 일어납니까? (살전 4:16-17)

➜ 예수님의 재림 때 우리가 몸으로 부활할 것입니다.

해설 예수님의 재림이 중요한 이유는 예수님의 재림으로 은혜언약이 완성될 것이기 때문이다. 우리는 그리스도 안에서 이미 영적으로 부활과 영광을 맛보고 있으나, 몸의 실제 부활과 영생은 재림과 더불어 실현된다. 대교리문답 제87문답은 재림 때 이루어질 부활을 성경의 가르침에 따라 잘 정리하고 있다. 오늘날에도 부활을 믿지 않는 사람이 많다. 복음서와 서신서 사이에 부활 신앙에 대한 차이가 있다고 주장하는 이들도 있다. 예수님의 즉각적 재림이 이루어지지 않자 바울이 내용을 현실적으로 수정했다고 말하기도 한다. 그러나 이런 주장은 실제로 잘못된 해석이다. 고린도전서 15장을 보면 사도 바울은 당시에도 이런 종류의 생각을 가진 사람이 있었음을 알 수 있다. 그러므로 바울은 몸의 부활이 없다면 우리의 믿음과 수고가 헛된 것이 될 것이라고 단언하였다(고전 15:12-19). 그리고 "그러므로 내 사랑하는 형제들아, 견실하며 흔들리지 말고 항상 주의 일에 더욱 힘쓰는 자들이 되라. 이는 너희 수고가 주 안에서 헛되지 않은 줄 앎이라."(고전 15:58)라고 권면하였다.

• 나는 재림 때 몸으로 부활할 것을 굳게 확신합니까?

2. 예수님의 재림 때 또 무슨 일이 일어납니까? (마 25:31-32)

➔ 예수님의 재림 때 예수님이 친히 판결하실 심판이 있을 것입니다.

해설 예수님의 재림은 심판으로 이어진다. 심판하시는 예수님은 하늘에 속한 지위의 재판장과 우주적 통치자가 될 것이다. 예수님의 심판은 은혜언약에 따른 판결이고 성령의 증거가 있으므로 공판(公判) 기간이 오래 걸리지 않을 것이다. 의로운 하나님의 아들이신 그리스도는 재판장으로서 정의로운 최종 판결을 선고할 것이다. 첫 번째 판결 기준은 그리스도의 대속 적용 여부이다. 그리스도의 대속을 적용받아 하나님으로부터 의인으로 인정받은 사람, 곧 그리스도 안에 있는 사람에게는 최종적이고 공개적인 확인이 있을 것이고, 그리스도의 대속을 거부한 사람들은 하나님을 배역한 자신들의 죄와 악행의 결과로서 형벌 판결을 선고받을 것이다(참고. 소교리문답 제38문답). 두 번째 판결 기준은 하나님의 말씀과 그리스도의 명령에 따른 의와 사랑의 실천 여부이다. 실천 행위를 근거로 상벌(賞罰)의 판결이 선고될 것이다. 예수님의 달란트 비유(마 25:14-30)나, 양과 염소의 구별과 행위 판결 비유(마 25:31-46)가 잘 알려준다. 하나님은 그분을 찾고 그분의 뜻을 행하는 사람들에게 상 주시는 분이다(히 11:6). 그리스도의 최종 판결에서 배역한 죄인으로 선고되면 더 이상 돌이킬 수 없는 가혹한 지옥 형벌의 운명에 처하게 된다. 지옥은 꺼지지 않는 불과 죽지 않는 구더기의 고통이 있는 곳으로 예고되었다(막 9:48-49).

• 재림이 두려운 일로 여겨진다면 왜 그런지 말해 보세요.

3. 예수님의 재림은 언제 일어납니까? (마 24:36)

➔ 아무도 알 수 없습니다. 재림 시점은 의도적으로 알려지지 않았습니다.

해설 모든 사람은 예수님의 재림의 날이 언제인지 알고 싶어 한다. 예수님의 제자들도 궁금해 자주 질문했었다(마 24:3). 그러나 그 시기에 대하여 예수님 자신도, 천사도 모르고 오직 하나님만 아신다고 분명히 말씀하셨다. 이 표현은 예수님의 전지(全知)하신 신성(神性)이나 예정론을 부정하는 말이 아니다. 재림의 시점이 전적으로 성부 하나님의 주권적 결정에 달렸다는 뜻이다. 그러므로 그리스도인들은 재림의 시점을 말하는 사람의 말에 호기심을 거두고, 하나님이 의도하시는 바에 따라 항상 현재 시점에서 "준비하고 있으라"(마 24:44), "깨어 있으라"(마 25:13), "끝까지 인내하라"(마 24:13)는 말씀에 유의해야 한다. 만일 누군가 재림 시점을 알고 있는 것처럼 말한다면 그 사람은 거짓 선지자이다(마 24:11, 23, 24).

다만 예수님은 재림이 예상하지 못한 시기에 임할 것이라 예고하셨다. 밤중에 도둑이 드는 때처럼(그 시점은 도둑의 의지에 달린 것이므로) 집 사람들은 모를 것이고, 사람들이 생각한 것보다 더 늦을 것이고(열 처녀 비유), 예상하지 못한 시점이 될 것이고(불성실한 청지기 비유), 모든 사람이 일상생활에 몰두해 있을 때일 것이라고 하셨다(노아의 때처럼). 그러므로 그리스도인은 언제나 재림이 아주 가까운 사건이 될 것처럼 영적으로 항상 깨어 있는 종말론적 신앙을 가지고 살아간다(살전 5:1-6).

- 재림의 시점에 대하여 말하는 사람들의 이야기를 들어본 일이 있다면 말해 보세요.

정리하며

예수님의 재림은 예수님이 오셨던 것처럼 반드시 일어날 사건입니다. 그날에 죽은 사람은 몸을 입고 부활하여 산 사람과 함께 예수님 앞에 서서 심판 받을 것입니다. 이 날은 그리스도인에게 최후 승리의 날이며 기쁨의 날이 될 것입니다. 다만 그날이 언제 임할지는 알려지지 않았으므로 늘 깨어 기다려야 합니다.

한 주간 약속

소그룹에서 서로 토의하여 자유롭게 만들어 봅시다.

예) 대교리문답 제87문답을 찾고 그 내용 정리해 나누기.

5단원

교회란 무엇인가?

교회의 바른 정의와 존재 이유를 알지 못하고 교회 생활을 한다면 관습적이고 피상적인 신앙생활이 될 것입니다. 교회라는 이름을 사용하는 이단과 타종교 기관이 많습니다. 개신교 내에서도 동질적인 특성을 보이지 않는 다양한 교단 교회가 있습니다. 그래서 교회에 대한 오해와 부정적인 편견이 생기기도 합니다. 성경은 하나님을 믿는 성도들의 모임을 교회라고 설명합니다. 또는 예수님을 주님으로 고백하는 사람들을 한 가족이라고 설명합니다. 동시에 교회는 여러 직분과 기능과 활동을 수행하는 영적인 유기적 조직체이기도 합니다. 이번 단원을 통하여 교회의 정의 그리고 목적이 무엇인지를 알고 그리스도의 몸인 교회를 더욱 소중한 선물로 알아 은혜에 참여하는 계기가 되길 바랍니다.

Lesson 1

하나님이 세우신 교회

마태복음 16:13-19

찬양을 드리며: 시온성과 같은 교회(210장), 내 주의 나라와(208장)

주간 약속 나누기: 한 주간의 약속을 나누고 서로의 모습을 있는 그대로 받아 주세요.

마음열기

공교회 또는 보편적 교회는 볼 수 없는데, 머리인 그리스도 아래 하나로 모였고, 모이고, 모일 모든 택자들로 이루어지며, 이 교회는 그리스도의 신부요 몸이며, 만물 안에서 만물을 충만하게 하시는 분의 충만이다. <신앙고백서 제25장, 제1항>

- 교회가 사회 내 다양한 기관들과 구별되는 특별한 점은 무엇이라 생각합니까?

성경과의 만남

교회는 신앙생활과 종교활동의 중심에 있습니다. 그리스도인들은 교회에서 예배를 드리며, 교육을 받고, 성도들과 교제하고, 다양한 형태의 봉사에 참여합니다. 우리가 어떤 교회에서 신앙생활 하느냐에 따라 신앙의 특성과 신앙생활의 형식이 달라집니다. 그래서 교회의 선택은 신앙생활에 중요합니다. 그런데 많은 그리스도인이 교회에 대해 체계적으로 잘 알고 있지 않습니다. 앞으로 8주 동안 우리 신앙생활의 중심이 되는 '교회'에 대해 살펴보겠습니다.

1. 교회는 어떤 공동체입니까? (마 16:15-16)

➔ 교회는 예수님이 세우신 영적 공동체입니다.

해설 예수님은 제자들에게 "너희는 나를 누구라 하느냐?"라고 물으셨다. 가장 가까이 있으면서 공동생활을 해 온 제자들에게 경험적으로 알게 된 확신이 무엇인지 물었다. 예수님의 질문에 언제나 적극적으로 대답해 온 제자 베드로는 이 질문에 대하여 "주는 그리스도시요 살아계신 하나님의 아들"이라는 자기 확신(신앙고백)을 말하였다. 예수님은 베드로의 대답에 크게 만족하셨다. 그래서 하나님이 깨닫게 하셨다는 말씀과 함께 "너는 베드로라 내가 이 반석 위에 내 교회를 세우리니 음부의 권세가 이기지 못하리라"라고 말씀하셨다(마 16:18).

이러한 예수님의 가르침은 교회가 사람들이 필요와 목적에 따라 주체적으로 만든 공동체 또는 국가가 필요해 만든 기관이 아님을 보여준다. 특정 집단의 이익을 지키기 위해 세운 조합도 아니다. 교회는 교회의 머리 되신 예수님이 세우신 영적 공동체이다. 예수 그리스도는 교회를 세우시고, 이 교회를 통하여 구원 역사를 진행하신다.

- 예수님이 교회의 머리가 되신다는 사실을 나는 어떻게 이해합니까?

2. 예수님은 교회를 어디 위에 세우십니까? (마 16:18)

➔ 예수님은 참된 신앙고백 위에 교회를 세우십니다.

해설 예수님은 '이 반석 위에' 내 교회를 세우겠다고 말씀하셨다. 이것은 무슨 뜻일까? 로마가톨릭교회에서는 이 구절에서 예수님이 먼저 '베드로(페트로스)'라는 이름을 주신 후 반석(페트라)을 언급하였으므로 '반석'은 베드로라고 해석한다. 그래서 베드로를 교회의 대표로 높여 초대 교황으로 생각하였고, 오늘날도 교황을 교회의 대표로 여긴다. 그런데 성경 본문 전체와 맥락을 자세히 살펴보면 그런 해석이 옳지 않음을 알 수 있다. 예수님이 베드로 위에 교회를 세우려 하셨다면, 뒤이어 베드로를 "사탄아 내 뒤로 물러가라"라고 말하지 않으셨을 것이다(마 16:23). 사람들은 누구나 죄인이며, 모든 면에서 한계를 가지고 있다. 이 땅에 흠이 없는 인간은 아무도 없다. 베드로도 마찬가지이다. 따라서 교회가 특정한 사람 위에 세워진다면 그 사람의 한계와 함께 교회도 무너지고 말 것이다.

이 '이 반석 위에'라는 말은 이 말씀 앞에 나온 '베드로의 신앙고백 위에'라는 뜻으로 이해해야 한다. 교회는 "주는 그리스도시요 살아계신 하나님의 아들입니다"라는 고백 위에 세워진 공동체라는 해석이 교회는 그리스도가 세운 공동체라는 설명과 조화를 이룬다.

교회가 예수 그리스도에 대한 분명한 신앙고백 위에 세워져 있으므로 사람에 의해 흔들리지 않는다. 예수님의 승천 이후 오순절에 성령님이 강림하였고, 성령을 받은 사람들은 예수님을 주로, 그리스도로, 하나님의 아들로 확신하여 믿었다. 그래서 예루살렘 교회가 형성되었다. 바른 신앙고백은 바른 교회의 출발점이다. 예수님이 베드로를 향하여 바른 신앙고백에 이르게 하신 분이 하나님이시라고 말씀하신 것처럼(마 16:17), 성령님은 그리스도인이 바른 신앙고백에 이르게 한다.

- 바른 교회와 거짓 교회를 구별하는 간단한 방법은 무엇인지 이야기해 봅시다.

3. 예수님이 교회에 주신 권세는 무엇입니까? (마 16:18-19)

➔ 예수님은 교회에 영적 권세 곧 복음 전파와 교회의 권징을 주셨습니다.

해설 교회는 어떤 힘(권세)을 가지고 있을까? 국가는 헌법적인 권위와 무력, 지자체는 법 집행의 행정 조직체로서의 권세, 기업은 자본의 힘, 사회의 여러 단체는 동일한 이해관계를 가진 구성원이 협의하는 힘을 가지고 있다. 그러나 교회의 권세는 삼위 하나님에게 속한 영적 권세를 가지고 있다. 예수님께서 교회에 이 영적 권세를 주셨다. 교회에 주신 영적 권세는 하나님께 속한 것이어서 지옥의 권세가 이기지 못한다. 또 교회에 주신 굉장한 권세는 '천국 열쇠'에 있다. 땅의 교회가 무엇이든지 매면 하늘에서도 매일 것이고, 땅의 교회가 무엇이든지 풀면 하늘에서도 풀릴 것이라고 했다. 천국 열쇠는 복음 전파와 교회의 권징으로 해석된다. 하이델베르크 교리문답 제83문답은 다음과 같이 설명한다: "거룩한 복음의 선포와 기독교적 권징을 말합니다. 이 두 가지의 활동으로 하늘나라는 믿는 자들에게는 열리지만 불신자들에게는 닫힙니다." 그리스도는 교회에 엄청난 권세를 주셨다.

- 교회에 주어진 권세가 엄청난 권세인 이유는 무엇일까요?

정리하며

교회는 예수 그리스도께서 친히 세우신 영적 공동체로서, 참된 신앙고백의 반석 위에 세워졌습니다. 이러한 신앙고백은 성령의 역사하심으로 이루어지며, 이것이 바른 교회의 기초가 됩니다. 교회는 하나님께 속한 영적 권세를 가지고 있어 음부의 권세가 이기지 못하며, 특별히 복음 전파와 권징이라는 큰 권세를 받았습니다. 우리는 이러한 교회의 본질을 이해하고, 그 안에서 올바른 신앙생활을 이어가야 할 것입니다.

한 주간 약속

소그룹에서 서로 토의하여 자유롭게 만들어 봅시다.

예) 우리 교회의 신앙고백(교리표준)은 무엇인지 찾아보고 생각을 나누어 봅시다.

Lesson 2

교회란 무엇인가?

◆

에베소서 4:1-12

찬양을 드리며: 귀하신 주님 계신 곳(207장), 내가 예수 믿고서(421장)

주간 약속 나누기: 한 주간의 약속을 나누고 서로의 모습을 있는 그대로 받아 주세요.

마음열기

보이는 교회 역시 복음 하에서 공교회요 우주적 교회인데, 전 세계에서 참 종교를 고백하는 모든 자들과 그들의 자녀들로 이루어지며, 주 예수 그리스도의 나라이며, 하나님의 집이요 권속이며, 이 교회를 떠나서는 특별한 경우가 아니고는 구원받을 가능성이 없다. <신앙고백서 제25장, 제2항>

- 교회에 속하지 않고도 믿음만 가지면 구원받을 수 있다는 말에 대하여 어떻게 생각하나요?

성경과의 만남

'교회'하면 건물(교회당)이나 특정 행사 모임을 떠올리기 쉽지만 교회는 더 깊은 의미를 가지고 있습니다. 성경은 교회를 예수 그리스도를 믿는 사람들의 모임으로 정의하고, 교회의 독특한 특성을 여러 가지 다른 표현으로 설명합니다. 오늘은 교회의 특성에 대한 성경의 특별한 표현 몇 가지를 살펴보겠습니다.

1. 사도 바울은 교회를 무엇으로 비유했습니까? (엡 5:30)

➔ 바울은 교회를 그리스도의 몸이며 성도는 그 몸에 붙어 기능하는 지체로 비유했습니다.

해설 사도 바울은 종종 교회를 그리스도의 몸이고 성도들은 그 몸에 붙어 기능하는 지체로 비유하여 설명했다. 이는 교회가 마치 생물체의 몸처럼 유기적인 공동체임을 설명하는 말이다. 전체와 부분이 유기적으로 연결되어 순환하고 소통하는 생물체가 가진 몸의 유기적 특성이 교회의 특성을 잘 드러낸다. 유기적 몸에서는 분리되는 즉시 생명이 사라진다. 물론 교회는 생물학적 유기적 유대로 연결된 것이 아니라 믿음으로 그리스도 안에서 이루어지는 성령의 유대로 연결되어 있다. 그리스도가 머리시라는 표현은 교회의 주권이 그리스도께 있다는 뜻이다. 교회의 주권이 그리스도에게 있으므로, 주권이 시민에게 평등하게 있다고 믿는 민주사회와 교회는 구별된다. 특정 사람이 주권을 주장하지 못한다. 그리고 그리스도의 뜻은 성경이 밝혀 주고 있으므로 교회는 성경의 권위를 수용하여 따른다. 정리하면 좋은 교회는 성령으로 유기적인 연합을 이룬 교회이며, 그리스도가 머리로 인정되는 교회다.

- 유기적 연합이 우리 교회에서는 어떻게 드러납니까?

2. 성경에 나오는 성전은 무엇을 뜻합니까? (고전 3:17)

➔ 성경이 말하는 성전의 참 의미는 건물보다 하나님의 백성 공동체를 뜻하며 지금은 그리스도 안에 있는 교회를 뜻합니다.

해설 구약 성경에서 성전은 인간이 만들어 세운 예루살렘 성전을 지칭했지만, 동시에 하나님이 거하시는 하나님의 백성을 지칭했다. 성전을 건축하려던 다윗에게 하나님은 그분이 세우시는 집 곧 하나님의 백성 공동체를 말씀하셨다(삼하 7:7-11). 솔로몬도 인간이 지은 집이 하나님의 참된 집일 수 없음을 고백했다(대하 6:18). 적들의 침공으로 성전이 훼파되는 것을 하나님께서 허락하신 것도 이런 맥락이다. 예수님도 성전을 그분의 몸과 동일시하셨다(요 2:19-22). 따라서 성경이 말하는 성전의 참 의미는 건물보다 하나님의 백성 공동체를 뜻하며, 그 연속선에서 그리스도 안에 있는 하나님의 백성 공동체인 교회가 성전으로 지칭된 것이다. 사도 바울은 더 나아가 성도 개인에게도 성전을 적용했다. 교회에 성령이 임재하듯, 각 개인에게도 성령이 내주하시기 때문이다(엡 2:20-22). 하나님이 성전에 임재하시기 때문에 거룩한 장소로 여겨진 것처럼, 성령이 교회와 그리스도인 안에 임재하시므로 모든 그리스도인은 거룩하게 되어야 한다는 요구를 받는다.

• 성전으로서 거룩하라는 하나님의 요구에 어떻게 반응합니까?

3. 하나님과 하나님의 백성은 어떤 관계로 비유됩니까? (고후 11:2)

➔ 성경은 종종 하나님과 하나님의 백성을 혼인 관계로 비유합니다. 특별히 오늘날 교회는 그리스도의 신부로 비유됩니다.

해설 구약 성경에서 선지자들은 하나님의 백성을 하나님의 신부로 비유하였다. 특히 하나님과의 언약 관계를 배신하고 하나님을 떠난 이스라엘 백성의 배교 행위를, 남편을 배신한 아내의 추한 행동에 비유하여 책망하였다. 이런 맥락에서 바울은 교회와 그리스도인을 그리스도의 신부로 비유한다. 교회와 그리스도인이 그리스도와 연합되어 한 몸이 되었음을 잘 드러낸다. 신부는 남편과의 특별한 관계 그리고 친밀한 특성을 잘 표현하는 말이다. 더하여 남편에 대한 신실한 태도로서 정결함, 깨끗함, 신실함 등을 끌어낸다. 신부의 세마포 옷, 흰옷은 빛나고 깨끗하고 옳은 행실을 뜻한다. 교회와 그리스도인은 재림 후 어린양 곧 그리스도의 혼인 잔치에 참여하는 신부로 묘사된다(계 19:6-9). 그리스도는 교회와 그리스도인을 사랑하고 친밀한 신부로 여긴다. 그리고 그리스도와의 언약 관계에서 믿음과 행위의 신실함을 기대한다.

• 나는 그리스도의 신부로서 친밀한 관계를 누리고 있습니까?

4. 교회가 하나님의 집과 가족이라면 우리는 어떻게 해야 합니까? (고전 3:9, 엡 2:19)

➔ 교회는 하나님의 집이자 가족이라면 서로를 사랑하고 존중해야 합니다.

해설 교회는 하나님의 집, 하나님의 권속(眷屬, 가족)으로 지칭된다(고전 3:9, 엡 2:19). 영적 집(가족)으로서 교회의 가장(家長)은 성부 하나님이다. 그리고 성도들은 모두 형제와 자매가 되었다. 성도들이 인종과 민족과 계급과 신분과 성에서 차이가 있지만, 모두 그리스도 안에 있다는 점과 모두 성령이 하나 되게 하셨다는 점에서 한 가족이다(엡 4:4-6). 교회는 하나님의 가족이고 서로 간에 형제자매이므로, 교회는 서로를 사랑하며 존중한다. 가족 관계 내에서는 사회적 계급이 관계를 결정하지 않는 것처럼, 교회 내에서도 사회적 계급과 차이가 관계를 결정하지 않는다.

• 민주 사회에서 요구되는 차별 철폐와 교회의 본질적 특성에서 요구되는 차별 철폐의 차이는 무엇일까요?

정리하며

교회는 단순한 건물이나 모임이 아닌, 그리스도와 깊은 연합을 이루는 영적 공동체입니다. 성경은 교회를 그리스도의 몸으로 비유하여 유기적 연합을 강조하고, 성령이 거하시는 성전으로 지칭하여 거룩성을 나타내며, 그리스도의 신부로 표현하여 친밀한 관계를 보여줍니다. 또한 교회는 하나님의 가족으로서, 모든 지체가 서로 사랑하고 존중하는 공동체가 되어야 합니다. 이러한 교회의 본질적 특성들을 이해하고 실천하는 것이 우리의 과제입니다.

한 주간 약속

소그룹에서 서로 토의하여 자유롭게 만들어 봅시다.

예) 교회에 나오지 않는 성도들에게 연락하고 돌아보기

Lesson 3

교회의 속성

에베소서 2:20

찬양을 드리며: 주 예수 크신 사랑(205장), 겸손히 주를 섬길 때(212장)

주간 약속 나누기: 한 주간의 약속을 나누고 서로의 모습을 있는 그대로 받아 주세요.

마음열기

천하에서 가장 순수한 교회라 하더라도 혼합과 오류에서 벗어날 수 없다. 더러는 그리스도의 교회임을 멈추고, 사탄의 회(會)가 될 정도로 타락하였다. 그럼에도 불구하고 이 땅에는 하나님의 뜻을 따라 그분을 예배하는 교회가 항상 있을 것이다. <신앙고백서 제25장, 제5항>

- 사람들이 최근 한국교회의 현실을 보며 비판하는 문제는 주로 어떤 것입니까?

성경과의 만남

종교개혁가 칼빈은 자신의 유명한 책 『기독교 강요』 제4권 1장에서 교회를 '모든 성도의 어머니' 혹은 '신자의 어머니'라고 표현했습니다. 어린 자녀들은 어머니의 돌봄으로 건강하게 그리고 성숙하게 성장하듯이 성도들은 어머니 역할을 하는 교회의 돌봄으로 성장합니다. 성경에 따르면 교회는 몇 가지 중요한 본질적 속성을 가지고 있습니다. 교회의 본질적 속성을 통해 교회를 좀 더 깊이 이해할 수 있어야 하겠습니다.

1. 교회의 단일성은 어떤 의미입니까? (요 17:21)

➔ 참 교회는 하나뿐이며 통일성을 유지한다는 뜻입니다.

해설 참 교회는 하나뿐이다. 이 속성을 단일성이라 부릅니다. 참 교회는 오직 하나이며, 참 교회는 삼위 하나님의 교회다. 그리고 교회가 단일성을 가지고 있다고 말할 때, 그 의미는 통일성을 유지한다는 뜻이기도 하다. 그래서 참 교회는 그리스도와 신비한 연합을 유지하고 있다. 참 교회는 예수 그리스도에 관한 성경적인 신앙고백의 기초 위에 세워져 있으므로 동일한 성격의 신조와 공적 신앙고백을 가지고 있다. 그래서 참 교회는 동일한 예배와 성례, 사역을 수행한다.

교회의 단일성(통일성) 안에는 문화적 다양성이 있다. 문화적 다양성은 단일성과 대립하지 않는다. 왜냐하면 문화적 다양성에도 불구하고 참 교회는 본질에서 단일성을 잘 유지하기 때문이다. 현세의 교회가 다양성을 보일 수밖에 없는 이유는 사람들이 지리적, 역사적, 언어적, 사회문화적 환경 안에서 형성되고 반응하기 때문이다. 이러한 다양성에도 불구하고 모든 참된 교회는 모두 예수 그리스도, 성경과 성령의 단일성 안에 있다. 교회를 교회이게 하는 속성은 문화가 아니라 참된 신앙고백에 있다.

• 개교회주의는 교회의 속성에 일치할까요? 개교회주의는 어떤 영향을 받은 것일까요?

2. 교회의 거룩성은 어떤 의미입니까? (엡 2:20-22)

➔ 거룩한 삼위 하나님이 임하시므로 교회도 거룩해야 합니다.

해설 교회는 삼위 하나님이 임재하시는 집단이다. 삼위 하나님의 분명한 특성은 거룩함이다. 구약 성경은 하나님의 속성과 임재에 대한 설명에서 한결 같이 거룩성을 강조한다. 사도 베드로는 교회를 "너희는 택하신 족속이요 왕 같은 제사장들이요 거룩한 나라요 그의 소유가 된 백성"이라고 설명했다(벧전 2:9).

교회가 거룩한 이유는 교회를 이루는 사람들이 거룩해서거나, 교회 스스로 거룩해서가 아니다. 교회에 임재하시는 삼위 하나님 때문이다. 사람들이 삼위 하나님과 교제할 수 있는 것은 사람들이 본성적으로 그리고 행위로 거룩하지 않지만, 그리스도 안에서 대속으로 의롭다 인정받고, 성령의 성화를 위한 역사가 있기 때문이다. 그리스도인은 교회의 거룩성이 훼손되지 않고 잘 유지될 수 있도록 노력해야 한다. 따라서 우리는 우리의 연약성을 핑계하며 죄 가운데 머무를 것이 아니라, 죄 용서함을 받은 사실에 감사하면서 하나님의 기대에 부응하여 거룩을 향해 힘써 나아가야 한다. 현세의 교회는 거룩함을 유지하기 위해 성경의 가르침과 교회법에 따라 적절한 권징을 실행해야 한다.

- 우리 교회가 거룩성을 드러내기 위해 힘써야 할 것은 무엇일까요?

3. 교회의 사도성은 어떤 의미입니까? (엡 2:20)

➔ 예수님에 관한 1차 증언자인 사도들과 그들의 가르침 위에 세워진 교회를 뜻합니다.

해설 사도적 교회라는 말을 들어보았는가? 이는 교회의 속성 중 사도성을 뜻한다. 사도성이란, 에베소서의 표현처럼 교회는 사도들과 선지자들의 터 위에 세워졌음을 뜻한다. 예수님이 선택하여 파송하신 사도들은 예수님의 공생애 동안 예수님과 공동생활을 하면서 예수님의 삶과 가르침, 활동 전체를 경험했으므로 예수님에 관한 제1차 증언자들이다. 예수님은 그들을 선택하셨고,

제자로 교육하셨고, 복음 전파의 내용과 사도직이란 영적 권세를 주어 보내셨다. 오순절 이후 사도들은 권세를 가지고 교회를 세우고, 지상명령에 따라 선교하고, 교회를 감독했다. 이후 사도들과 선지자들의 증언과 가르침은 신약 성경을 이루고 있다.

사도들의 세대 이후 후계자들은 목사, 교사, 복음 전하는 자, 장로, 그리고 교부로 불렸다. 엄격한 의미의 사도 직분은 단절되었다. 그러나 사도들이 수행했던 복음 전파의 직무와 사역은 교회를 통하여 지속되었다. 그래서 사도 직분이 교회의 사역을 통하여 계속되고 있다고 말할 수 있다. 고대교회는 사도들의 가르침을 기초로 사도신경, 니케아신경, 아타나시우스신경을 확립하였다. 그래서 사도적 교회는 사도들의 일차적 증언과 신약 성경, 고대교회의 3가지 신경에 따른 교회를 말한다. 그리고 사도적 교회는 특정 직분보다 교회가 사도적 직무, 곧 땅 끝까지 복음 전파의 사명을 수행해야 함을 뜻한다. 사도적 교회는 참교회 곧 정통교회의 기준이 된다. 사도적 교회의 조건을 갖추고 있다면 보편교회에 속한 교회라고 할 수 있다.

• 좋은 교회, 바른 교회에 대한 평가는 어떤 기준에서 이루어져야 할까요?

정리하며

모든 존재에게 속성이 있듯 교회도 속성을 가지고 있습니다. 교회의 단일성은 참 교회가 하나이며 문화적 다양성 속에서도 그리스도 안에서 통일성을 유지한다는 것을 의미합니다. 교회의 거룩성은 삼위 하나님의 임재로 인한 것이며, 우리는 이를 유지하기 위해 힘써 나아가야 합니다. 또한 교회의 사도성은 사도들의 증언과 가르침을 기초로 하며, 이는 참된 교회의 기준이 됩니다. 이러한 교회의 본질적 속성들을 이해하고 드러내는 것이 진정한 교회의 모습일 것입니다.

한 주간 약속

소그룹에서 서로 토의하여 자유롭게 만들어 봅시다.

예) 오늘날 교회를 보는 사람들의 관점은 다양하고 부정적입니다. 교회에 대한 긍정적 이해를 높일 수 있는 방법을 생각하고 나누어 봅시다.

Lesson 4

현세적 교회의 이상: 예루살렘 교회

사도행전 2:41-47

찬양을 드리며: 놀랍다 주님의 큰 은혜(251장), 시온성과 같은 교회(210장)

주간 약속 나누기: 한 주간의 약속을 나누고 서로의 모습을 있는 그대로 받아 주세요.

마음열기

이 공교회는 때로는 더 잘 보이기도 하고, 때로는 덜 보이기도 하였다. 개체교회는 이 공교회의 일원으로서 더 또는 덜 순수하게 복음의 진리를 가르치고 수용하고 규례를 집례하며 공예배를 드리는 정도에 따라, 더 또는 덜 순수하다. <신앙고백서 제25장, 제4항>

- 개체교회가 공교회 특성을 더 잘 그리고 더 순수하게 드러내도록 하기 위해 어떤 노력을 해야 할까요?

성경과의 만남

한국교회에 대한 신뢰도와 호감도 평가는 불신자의 경우 말할 것도 없고, 그리스도인들의 평가도 별로 좋지 않습니다. 교회에 대한 사람들의 평가는 다양한 관점에서 이루어지기 때문에 기준이 공정하다곤 하기 어렵습니다. 그럼에도 지금까지 살펴본 교회의 본질과 속성에 비추어 볼 때 우리는 답답하고 아쉬운 마음을 가질 때가 더러 있습니다. 그러나 현세적 교회의 온전하지 못함은 신약 성경에 기록된 교회들의 현실에서도 드러납니다. 그럼에도 교회 역사에서 이상에 가까운 교회가 있었습니다. 바로 오순절 직후 설립된 예루살렘 교회의 모습입니다. 예루살렘 교회가 이상에 가까운 모습을 보여주는 이유는 오순절에 오신 성령님이 충만하게 임재하면서 교회의 모든 것을 주도하셨기 때문입니다. 그래서 우리는 사도행전에 기록된 예루살렘 교회에 깊은 관심을 갖습니다. 오늘은 예루살렘 교회를 살펴보며 이상적 교회의 특성을 구체적으로 탐구하려 합니다.

1. 예루살렘 교회의 모습 중 가장 주목할 부분은 무엇입니까? (행 2:42)

➔ 예루살렘 교회가 사도들에게 바른 가르침을 받은 것입니다.

해설 예루살렘 교회의 모습 중 가장 먼저 주목할 부분은 사도들의 바른 가르침을 받은 것이다. 사도들은 예수 그리스도의 십자가 죽음과 부활을 중심으로 삼아 가르쳤다. 사도들은 당대 고등 교육 기관인 율법 학교나 정치 지도자들처럼 로마 학교 교육을 받지 못했다. 최고의 선생님인 예수님으로부터 3년간 배워 파송 받았으므로 예수님의 말씀과 사역에 대한 권위 있는 일차 증언자였다. 복음을 바르게 증언하고 가르친 사도들 덕분에 예루살렘 교회는 예수 그리스도를 더 알게 되었고, 성령의 감동으로 가르침을 내면화하여 예수 그리스도의 제자가 되었다.

이처럼 참된 교회는 바른 가르침이 있는 교회다. 칼빈은 참된 교회를 말할 때 하나님의 말씀이 순수하게 설교되고 가르쳐져야 한다고 했다(『기독교 강요』, 제4권, 1장, 9절). 우리는 교회에서 하나님의 말씀이 증언되고 바로 해석되어 가르쳐지도록 기도해야 한다. 그리고 설교와 교육을 통해 받은 하나님의 말씀을 잘 이해하고 하나님의 뜻에 순종하도록 힘써야 한다.

- 우리 구역 혹은 교회가 더욱 말씀을 배우기 위해 힘써야 할 부분은 무엇일까요?

2. 예루살렘 교회에는 무엇이 활발히 일어났습니까? (행 2:44-45)

➔ 예루살렘 교회에는 사랑의 교제와 나눔이 활발히 일어났습니다.

해설 예루살렘 교회는 사랑의 교제와 나눔이 활발히 일어났다. 그리스도인 간에 서로 교제하고, 기쁨과 순전한 마음으로 음식을 나누었다. 구원받은 성도들은 날마다 모이기를 힘썼다. 믿는 형제자매를 향한 순전한 사랑이 있었고 소통과 교제가 활발했다. 이상적 교회를 꿈꾸는 우리 교회도 성도들 사이에 순전한 사랑의 교제가 있어야 한다. 우리가 매주 구역모임을 가지는 것도 사랑의 교제 활동이다. 교회는 말씀과 기도 활동과 함께, 사랑의 교제가 가득해야 좋은 교회, 성장하는 교회가 된다.

또한 예루살렘 교회는 나눔이 있는 교회였다(행 2:44-45, 4:32-35). 그리스도인들은 교제하는 가운데 음식 나눔에 필요한 양식의 결핍을 알게 되었다. 성도들은 자발적으로 자기 것을 내어 이웃 성도들을 돌아보기 시작했다. 가난한 사람들, 특히 남편과 자녀의 도움을 받을 수 없는 가난하고 나이 많은 과부가 일차적 구제 대상이 되었다. 여러 그리스도인이 자발적으로 식품과 물건을 내놓아 함께 공유했으며(행 4:32), 자신의 밭과 재산을 팔아 구제를 위해 교회에 내놓기도 했다(행 4:35-36). 성도들이 자발적으로 사랑의 나눔을 실천하는 일이 아주 많았으므로 교회에 더 이상 굶는 사람이 없었다.

- 교회의 지체인 내가 이상적 교회를 위해 해야 할 일은 무엇이라 생각합니까?

3. 예루살렘 교회는 처음부터 무엇에 몰두했습니까? (행 2:42)

➔ 예루살렘 교회는 처음부터 기도와 기도생활에 몰두했습니다.

해설 예루살렘 교회는 처음부터 제자들과 성도들이 기도와 기도생활에 몰두했다. 사실 예루살렘 교회 자체가 기도로 시작되었다(행 1:14). 성령이 임하신 것도 120여 명의 성도들이 간절히 기도할 때였다. 또 사도들은 매일 일정한 기도 시간을 가지고 있었다(행 3:1). 기도는 그리스도인에게 영적인 호흡과도 같다. 사도 바울도 쉬지 말고 기도하라고 했다(살전 5:17). 그리스도인에게 규칙적인 기도 생활은 하나님과 바른 관계를 유지하는 좋은 방법이다.

일상생활이 너무 분주하여 기도 시간을 빼앗기고 있지 않는가? 우리 자신의 신앙성장과 하나님의 은혜를 위해 교회가 마련한 기도회에 참여하고, 개인적인 기도 시간도 확보해 두어야 한다. 아울러 바른 기도를 위한 교육과 기도하는 습관을 형성하기 위한 훈련도 필요하다. 주기도문이 가르치는 대로 하나님의 이름과 나라, 자신의 필요, 시험의 승리, 교회, 하나님의 영광을 위해 기도해야 한다.

- 이상적인 공교회 특성을 잘 드러내기 위해 우리 교회가 특히 힘써야 할 구체적인 활동은 무엇일까요?

정리하며

예루살렘 교회가 보여준 이상적 모습은 오늘날 교회들이 주목할 중요한 본보기입니다. 바른 가르침을 통한 신앙의 성장, 사랑의 교제와 나눔, 그리고 꾸준한 기도생활은 성도 개개인과 교회의 건강한 성장을 이끄는 핵심 요소입니다. 우리 역시 교회의 본질과 사명을 되새기며, 성령의 인도하심 속에 더 온전한 공동체로 나아가야 할 것입니다.

한 주간 약속

소그룹에서 서로 토의하여 자유롭게 만들어 봅시다.

예) 구역원들과의 교제와 나눔과 기도에서 내가 할 수 있는 일을 생각하여 실천하기.

Lesson 5

교회의 할 일

마태복음 4:23, 9:35

찬양을 드리며: 예수가 거느리시니(390장), 나 이제 주님의 새 생명 얻은 몸(436장)

주간 약속 나누기: 한 주간의 약속을 나누고 서로의 모습을 있는 그대로 받아 주세요.

마음열기

그리스도께서는 이 보편적인 가시(可視) 교회에 교역과 말씀과 하나님의 규례를 주심으로 현세에서 세상 끝 날까지 성도들을 모으고 보호하려 하셨고, 또 자기 약속을 따라 자기의 임재와 성령으로 말미암아 교역과 말씀과 규례가 효력 있게 그 목적을 이루게 하신다. <신앙고백서 제25장, 제3항>

- 그리스도께서 성도들을 보호하고 성장하도록 교회에 주신 활동은 무엇입니까?

성경과의 만남

앞서 본 것처럼 예수님의 사역은 세 가지로 요약됩니다. "예수께서 온 갈릴리에 두루 다니사 그들의 회당에서 (1)가르치시며 천국 복음을 (2)전파하시며 백성 중의 모든 병과 모든 약한 것을 (3)고치시니"(마 4:23). 이 세 가지 활동은 그리스도로서 예수님이 하신 사역이었고, 오늘날 교회의 사역이 되었습니다.

1. 예수님의 사역을 따라 교회는 무엇에 힘써야 합니까? (마 4:23)

➔ 예수님이 교육하고 훈련시키셨듯이 교회도 교육하고 훈련해야 합니다.

해설 성경은 예수님이 가르치셨다고 증언한다. 이것은 예수님의 교육과 훈련 활동을 표현한 부분이다. 교회는 이 사역을 이어받아 하나님의 진리를 증언하고 가르친다. 교회는 먼저 성도들과 그들의 자녀에게 하나님 나라의 복음을 잘 가르쳐야 한다. 그리스도인은 복음과 하나님의 말씀을 배우면서 신앙이 성장하고 성숙한 제자가 된다. 교회는 복음과 말씀을 가르치는 교육 공동체다. 교육을 소홀히 하는 교회는 밝은 미래를 기대하기 어렵다. 교회는 부모와 함께 성도의 자녀를 잘 가르쳐야 한다. 그리스도인 부모는 유아 세례에서 서약한 대로 가정에서 신앙과 신앙생활의 습관, 기독교적 인생관을 잘 가르쳐야 한다. 또 주일학교와 학습/세례/입교 교육에서 말씀과 교리를 배워 지적 확신에 이르도록 도와야 한다.

교회가 성도를 교육하고 훈련시킬 때 노회와 총회의 여러 전문 사역 기관에서 제공하는 교육과 훈련 프로그램을 사용하면 유익하다. 특히 총회교육원은 신앙교육과 훈련을 위한 총회의 전문 교육 기관으로서 교회교육 교과서를 편찬하고, 교사대학, 성경대학, 교리대학 등 교육 및 훈련 프로그램을 개설하여 운영하고 있다. 교육과 훈련에서 유의할 점은 바르고 건전한 성경 해석과 교리 문제다. 그래서 교회 밖의 교육에 귀 기울이기보다 교회 내 교육과 총회교육원의 교육 프로그램을 따르는 것이 좋다.

- 우리 교회가 교육과 훈련을 위해 힘쓰는 부분은 무엇입니까?

2. 교회가 외부로 힘써야 할 사역은 무엇입니까? (마 4:23)

➔ 전도하고 선교하신 예수님처럼 교회는 외부를 향해 전도하고 선교해야 합니다.

해설 교육과 훈련의 우선 대상이 성도들이라면, 복음 전파의 우선 대상은 불신자들이다. 교육과 훈련이 지속적이고 체계적으로 이루어진다면, 복음 전파는 권위 있는 증언과 전파 행위 자체가 강조된다. 그러나 교육과 전파의 내용은 동일하다. 복음 전파를 흔히 두 가지로 구분한다. 동일한 언어와 문화를 공유한 국내 사람에게 전파하는 일이 전도다. 외국에 가서 다른 언어와 문화를 가진 사람들에게 전파하는 일은 선교다. 오늘날은 여행자와 이주민이 많아 과거와 같은 전도와 선교 구분은 어렵다. 그래서 선교라는 말로 통칭하는 편이다. 교회는 모든 사람에게 복음을 전파하는 선교의 사명을 수행하는 기관이다. 이런 의미에서 신학자들은 "선교(적) 교회"라는 말을 사용한다.

우리 교회가 예수님의 사역에 동참하려면 전도와 선교로 복음 전파에 적극적으로 참여해야 할 것이다. 교회의 전도 및 선교 활동에 참여하여 봉사하는 것은 좋은 방법이다. 구역모임이 복음 전파의 전초기지로서 구역원 가정과 관계 안에서 전도와 선교의 기회를 잘 포착하여 전하는 것은 좋은 복음 전파 전략이다.

• 우리 교회가 전도와 선교를 위해 힘쓰는 부분은 무엇입니까?

3. 치유하고 봉사하신 예수님의 사역을 교회가 어떻게 이어받을 수 있을까요? (마 4:23)

➔ 교회는 질병으로 고통 받는 사람을 위해 기도하고 구제와 봉사에 힘써야 합니다.

해설 예수님은 하나님의 능력으로 많은 병자를 고치셨다. 심지어 예수님을 잘 모르는 사람까지 긍휼히 여겨 고쳐 주셨다. 예수님은 제자(사도)들에게도 권세를 주셔서 질병을 고치게 하셨다. 성령님은 간헐적으로 병 고치는 은사를 성도에게 주어 질병을 고치게 하셨다(고전 12:9). 오늘날에도 하나님은 때로 우리의 기도에 응답하여 질병을 고쳐 주신다. 그러나 교회가 복음 전파에 집중하도록 교회에 질병 치유 은사는 점차 줄어들었다. 하나님이 신체에 부여하신 원리를 이용하여 질병을 치유하는 의학은 생물학과 화학, 의 공학의 발전으로 큰 발전을 이루었다. 이에 따라 교회의 질병 치유 사역은 의사와 병원에 이양되었고 교회는 선교 목적으로 병원을 많이 세우고 지원해 왔다. 교회는 질병으로 고통 받는 사람들을 위해 기도하고, 질병의 고통을 감내하고 영적 성숙으로 이어지도록 잘 돌보고 있다.

교회는 예수님의 긍휼 사역을 본받아 가난한 사람들에 대한 구제와 봉사의 일도 해왔다. 집사는 그 일을 위한 직분자다. 서구 기독교 사회 역사를 보면 국가의 복지 제도가 확립되기 전까지 대부분 교회가 고아원과 양로원 등 복지 기관을 운영하였고, 제도가 확립된 이후에도 교회는 계속 사역하고 있다. 환자, 가난한 사람, 감옥에 갇힌 사람, 나그네 등을 돕는 일은 교회가 지속해야 할 사역이다. 우리는 교회의 치유와 긍휼 사역에 직접 참여하고 봉사할 수 있다. 그리고 구역모임에서도 질병으로 어려움을 겪는 성도, 경제적 어려움에 직면한 성도, 환란 중에 있는 성도를 위해 기도하고 도울 수 있다.

- 우리 교회가 치유와 봉사를 위해 힘쓰는 부분은 무엇입니까?

정리하며

예수님이 보여주신 사역의 세 가지 핵심은 오늘날 교회 사역의 중요한 본질이 됩니다. 교회는 성도들에게 바른 교육과 훈련을 제공하고, 복음을 전하며, 고통 받는 이들을 위한 치유와 봉사에 헌신해야 합니다. 이러한 사역을 통해 우리는 세상에 예수님의 사랑을 드러내며, 교회의 본래 역할을 감당하게 됩니다. 성도 개개인도 이 사역에 동참함으로써 교회가 참된 공동체로 성장하도록 기여하는 것이 필요합니다.

한 주간 약속

소그룹에서 서로 토의하여 자유롭게 만들어 봅시다.

예) 전도와 선교 대상자, 질병과 어려움을 겪고 있는 구역원과 가족을 위해 기도하기.

Lesson 6

교회의 직분들

에베소서 4:11-16

찬양을 드리며: 나의 생명 드리니(213장), 겸손히 주를 섬길 때(212장)

주간 약속 나누기: 한 주간의 약속을 나누고 서로의 모습을 있는 그대로 받아 주세요.

마음열기

머리이신 그리스도와 성령으로 말미암아 믿음으로 연합하고 있는 모든 성도들은 그리스도의 은혜, 고난, 죽음, 부활과 영광 안에서 그분과 교제한다. 또한 사랑으로 서로 간에도 연합하였기 때문에 서로의 은사와 은혜에도 참여함으로 서로 교제한다. 이들은 공사(公私) 간에 속사람으로나 겉사람으로도 다른 지체들의 선에 서로 이바지해야 하는 의무를 진다. <신앙고백서 제26장, 제1항>

- 교회의 신뢰도와 호감도에 가장 큰 영향을 주는 교회 직분은 어떤 직분입니까? 그리고 주로 어떤 문제가 큰 영향을 줍니까?

성경과의 만남

교회에는 직분자가 있습니다. 교회 직분은 소명과 은사, 사역과 연결되어 있어 각기 고유한 성격과 기능을 가지고 있습니다. 직분자들이 어떻게 직무를 수행하는가에 따라 교회는 큰 영향을 받습니다. 그러므로 직분을 잘 알고 그 원리대로 섬기는 것은 아주 중요합니다. 그럼 교회의 직분과 직무를 간단하게 살펴봅시다.

1. 교회에는 어떤 직분들이 있습니까? (엡 4:11, 고전 12:28)

➔ 성경에는 여러 가지 직분이 나오지만 오늘날에는 목사, 장로, 집사로 확립되었습니다.

해설 신약 성경을 보면 예수님이 직접 세우신 사도와 함께, 성령님이 교회 사역을 위해 주신 은사를 공적으로 발휘하도록 세운 직분이 나온다. 하지만 하나님의 구원 계획과 섭리를 따라 교회의 직분이 목사, 장로, 집사로 확립되었다.

첫째, 목사. 목사는 교회의 전임 사역자로서 가장 중요하고 전문적인 직분이다. 목사는 복음 전파와 교육, 기도에 전무해야 한다(행 6:4). 목사는 예배를 집례하고, 설교와 교육으로 복음과 신앙에 관한 하나님의 뜻을 가르친다. 우리는 목사의 사역을 위해 기도하고 협력함으로써 교회와 신앙생활 가운데 풍성한 은혜를 누리게 될 것이다.

둘째, 장로. 구약 시대에 백성의 대표로 장로가 세워졌고 초대 교회 당시에도 목사와 협력하여 교회를 지도하도록 세워졌다. 장로는 목사와 협력하여 당회에서 교회의 중요한 인사와 재정과 사역을 돌보아 교회가 건실하게 서도록 사역해야 한다. 성경은 장로가 성숙한 신앙과 인격, 지도력을 가진 사람이어야 한다고 했다(딤전 3:1-7).

셋째, 집사. 예루살렘 교회가 세운 일곱 명에게 집사직의 기원을 둔다(행 6:3). 집사는 교회의 여러 분야에서 성도들을 실제적으로 섬기는 일을 한다. 집사의 가장 중요한 역할은 가난한 사람, 병든 사람, 과부들을 돌보는 일이었다(딤전 5:9-10). 집사는 목사와 장로의 지도 아래 성도들과 교회 사역 전반에 걸쳐 실무 역할로 주님을 섬긴다.

한국 장로교회에는 권사 직분이 있다. 권사는 여성 지도자로서 목사와 장로의 지도 아래 심방과 상담과 구제 등으로 섬긴다. 고신교회에는 직분에 대한 성경의 가르침을 따라 여자 목사나 여자 장로 제도를 만들지 않았다. 이에 비추어 권사는 여 성도들을 대표하는 직분이라고도 할 수 있다.

• 목사, 장로, 집사에 대한 성경의 가르침을 정리해 보세요.

2. 하나님께서는 무엇을 위해 직분자를 세우셨습니까? (엡 4:12)

➔ 하나님께서는 교회가 더욱 거룩하고 선하게 되도록 하기 위해 직분자를 세우셨습니다.

해설 민주사회 국가는 주권이 국민에게, 사기업과 기관은 이 사회에, 개인 소유와 활동은 개인에게 속하지만, 교회의 주권은 삼위 하나님에게만 있다. 교회 직분자는 모두 청지기로서 섬기는 직분이다. 따라서 교회 직분을 자기 명예, 이익, 이해관계에 따라 자의대로 남용해서는 안 된다. 직분자는 에베소서 말씀처럼, 성도들을 온전하게 하는 일, 봉사하는 일, 교회를 세우는 일을 위해 권한과 직무를 수행해야 한다. 직분 수행을 통하여 교회가 거룩하고 선하게 되도록, 교회 사역이 더 효율적으로 수행되도록 애써야 한다. 교회 안에는 목사, 장로, 집사 외에 다른 봉사 직무도 있다. 주일학교 교사, 찬양대원와 찬양팀원, 구역과 기관의 직분, 제직회와 각종 위원회의 위원 등이다. 크고 높고 많은 일도 중요하지만 작은 일에도 충성할 때 주님께 칭찬 받음을 기억해야 한다.

- 성도들이 일반적으로 생각하는 직분 의식과 성경의 가르침 사이에 일치하지 않는 점은 무엇일까요?

3. 직분자는 어떤 자세로 봉사해야 합니까? (엡 4:16)

➔ 직분은 섬기는 자이므로 다른 직분자를 존중하고 협력하며 섬겨야 합니다.

해설 교회의 모든 직분은 주님의 부르심과 성령의 은사를 기초로 세워지기 때문에 모든 직분이 소중하다. 교회 직분은 민주국가에서처럼 국민의 주권을 위임받아 대행하는 것도 아니고, 사기업과 기관처럼 자신이 주권을 가지고 임의로 할 수 있는 것도 아니다. 주권은 오직 삼위 하나님께만 인정되고, 모든 직분이 섬기는 청지기의 직분이므로 직분자들은 다른 직분자를 존중해야 하고, 다른 직분자와 협력해야 한다. 주님은 직분의 높고 낮음, 많고 적음보다 맡은 일에 충성하기를 기대하신다(눅 16:10). 사도 바울도 "맡은 자에게 구할 것은 충성이니라"(고전 4:2)라고 말했다. 하지만 좀처럼 충성되게 섬기기가 쉽지 않다. 아무래도 높은 지위를 향해 강한 열망을 품고 경쟁하는 사회의 모습에 영향을 많이 받기 때문일 것이다. 오죽하면 예수님의 제자들 중에도 그런 모습을 보였다. 그럴수록 더 많이 희생하고 섬기신 주님의 모습을 생각해야 한다(막 10:45).

• 교회 직분을 수행할 때 가장 어려운 점은 무엇인가요?

정리하며

예수님의 제자 중에 예수님이 왕으로 세워질 때를 생각하며 높은 지위를 향한 열망과 경쟁심을 가진 사람이 있었습니다. 그러나 교회의 직분은 사회의 직분과 같지 않습니다. 예수님께서는 섬기는 사람이 교회에서 크고 으뜸이라고 말씀하셨고, 중요한 직분 맡은 자는 더 많이 희생하고 섬겨야 함을 그분 자신의 예로 말씀하셨습니다. 모든 직분자와 직분 맡을 모든 성도는 주님의 이러한 말씀을 꼭 기억해야 합니다.

한 주간 약속

소그룹에서 서로 토의하여 자유롭게 만들어 봅시다.

예) 내가 맡고 있는 직분에 대한 성경과 『교회헌법』의 교회정치 규정을 찾아 읽고 느낀 점 나누기.

Lesson 7

참된 교회, 거짓교회

요한일서 2:18

찬양을 드리며: 이 세상 풍파 심하고(209장), 주 사랑하는 자 다 찬송할 때에(249장)

주간 약속 나누기: 한 주간의 약속을 나누고 서로의 모습을 있는 그대로 받아 주세요.

마음열기

교회의 머리는 주 예수 그리스도뿐이시다. 로마 교황은 결코 교회의 머리가 될 수 없고, 오히려 교회 가운데서 그리스도를 대적하고, 하나님이라 불리는 모든 것을 대적하고 자신을 높이는 적그리스도, 죄의 사람이며, 멸망의 자식이다. <신앙고백서 제25장, 제6항>

- 이단에 빠진 사람을 알고 있습니까? 그 사람을 만났을 때 어떤 기분이 들었습니까?

성경과의 만남

16세기 종교개혁자들은 참된 교회와 거짓 교회를 구분하는 표지를 잘 설명해 주었습니다. 성경적 가르침을 떠난 교회, 교회의 기초인 신앙고백 자체가 그릇된 교회는 다른 교회가 아니라 거짓 교회로 여겨졌습니다. 이러한 판단은 생각의 차이를 관용하지 못한 편협함 때문이 아니라 요한계시록 2-3장에 기록된 주님의 평가와 동일한 맥락에서 나온 판단이었습니다.

1. 참된 교회의 표지는 무엇입니까? (고후 10:5)

➔ 참된 교회의 표지는 성경 말씀의 신실한 전파, 정당한 성례와 권징의 시행입니다.

해설 참된 교회의 첫 번째 표지는 성경 말씀의 신실한 전파다. 그리스도의 교회가 하나님의 말씀을 제대로 선포하지 않는다면 참된 교회가 될 수 없다. 초대교회 이후 목사의 주된 역할은 말씀 사역이었다(행 6:4). 참된 교회는 어느 시대나 하나님의 말씀을 신실하게 선포하고 파수했다. 오직 하나님의 말씀만을 표준으로 삼는 교회가 참된 교회다.

두 번째 참된 교회의 표지는 정당한 성례의 집행이다. 성례는 은혜언약의 거룩한 표와 인(印)으로 하나님이 직접 제정하신 것이다(신앙고백서 제27장, 1항). 성례(세례와 성찬)는 그리스도와 그분의 은혜를 나타내고 은혜의 깊은 자리로 들어가게 한다. 그리스도 안에 있는 우리의 관심을 견고하게 하며, 세상에 속한 사람과 교회에 속한 사람을 구별한다. 그리스도인들은 성례를 통하여 자신이 이 세상에서부터 구별된 사람임을 깨닫게 되며, 하나님을 섬길 수 있다. 세례는 구약에서 물로 시행하며 회개함으로 죄가 씻김 받아 정결하게 되는 것을 뜻하는 의식에서 비롯되었다. 세례 요한은 회개의 세례를 베풀어 그리스도를 영접할 준비를 하게 했다. 예수님은 죄가 없는 분이셨으나 죄인들을 대표해 요한으로부터 세례를 받으셨다(마 3:13-17, 막 1:9-11). 물은 세례에서 중요한 요소이지만 물속에 들어가거나, 물을 머리에 붓거나 혹은 뿌리는 형식이 중요한 것은 아니다. 예수님이 명령하신 세례의 독특성은 성부와 성자와 성령의 이름으로 세례를 주는 것과 함께 성령의 세례가 약속되어 있다는 점이다. 성찬은 예수님이 직접 제정하신 것으로 우리를 위해 찢기신 그리스도의 몸과 우리를 위해 흘리신 그리스도의 피를 기념하여 시행한다. 성찬은 우리가 새 언약(은혜언약) 안에서 구원을 받고 그리스도와 연합되어 있음을 뜻하는 의식이다. 우리는 성찬에 참여함으로 성령의 역사에 따라 은혜와 확신을 얻고 예수님의 복음을 전한다(고전 11:23-26).

세 번째 참된 교회의 표지는 정당한 권징(勸懲)의 시행이다. 권징은 성경과 교회의 법에 따라 교인과 교회의 직원과 치리회를 권고하는 행위로(『교회헌법』, 권징조례), 예수님이 요구하신 일이다(마 18:15-17). 권징을 통해 교회와 성도들이 회개하고 건강한 교회가 되도록 돕고 격려한다. 교회의 직분자와 성도가 신앙과 행위에서 현저한 잘못을 범했을 때 교회 치리회는 교회의 거룩성이 보존되도록 규정된 절차에 따라 벌을 주어 그들을 바른 길로 인도해야 한다. 교회의 치리(벌)는 그 정도에 따라 견책, 근신 등 가벼운 벌이 일반적이지만, 심각한 잘못과 회개하지 않는 사람에게는 수찬정지(성찬참여 금지)나 출교 등의 징계를 주어 교회를 보호한다. 권징의 목적은 회개하여 돌이키게 하는 것이다. 그래서 감정적으로 혹은 공적인 조사 없이 시행되어선 안 된다. 권징의 단계는 첫째, 개인적인 충고다. 둘째, 여러 증인 앞에서 경고다. 셋째, 교회의 공식 기구를 통해 잘못을 경고하는 것이다. 넷째, 그러한 과정에도 불구하고 계속하여 회개하지 않으면 교회에서 출교하는 방식이다. 마지막 권징은 그들을 더 이상 신자로 여기지 않는다는 것이다(마 18:15-17).

- 참된 교회의 3가지 표지 가운데 우리 교회가 잘 시행하는 것은 무엇입니까? 더 보완해야 할 것은 무엇이라 생각합니까?

2. 우리 주변에 많은 기독교 이단을 어떻게 대해야 합니까? (요일 2:18)

➔ 거짓 가르침을 잘 분별하고 미혹되지 않도록 주의해야 합니다.

해설 우리 주변에는 이단, 사이비, 불건전 단체에 속한 교회가 많다. 이단과 사이비, 불건전 단체의 판단 기준은 교회의 신조(교리)다. 이단이 소수 집단일 때는 잘못된 신앙과 사상을 비밀스럽게 가르치지만, 규모가 커지면 적극적으로 홍보하여 성도들을 미혹한다. 공교회는 교인들을 보호하기 위해 총회 이단대책연구소의 조사와 신학교수회의 연구를 기초로 이단과 사이비, 불건전 단체를 판단하여 개체교회에 알리고, 성도들이 미혹되지 않도록 주의하게 하고 교류하지 못하게 해야 한다.

고신총회에서 이단으로 판단한 집단은 구원파, 통일교, 안식교, 여호와의 증인, 하나님의 교회, 신천지 등이며 불건전 단체와 참여 자제를 요청한 집단까지 합하면 상당히 많다. 고신총회는 이단경계주일을 정하여 성도들에게 알리고 건강한 신앙생활을 하도록 돕고 있다. 이단과 불건전 단체는 성경에 대한 왜곡된 해석과 정통교리에서 벗어난 교리를 가졌으므로 교류하지 말고, 고신총회 교회와 고신총회가 교류하는 교단에 속한 교회에 한정하여 교류하는 것이 안전하다.

이단들은 성경공부, 선교사 초청 특강, 예술문화교육, 심리상담, 은사 집회 등을 미끼로 삼는다. 친밀한 인간관계에서 오래 교제해 온 사람이 아닌 한, 이단들은 그리스도인들을 공략하기 위해 교묘하게 준비된 전략에 따른 질문과 대답으로 접근하기 때문에 상호존중의 대화나 논리적 토론이 불가능하다. 설사 논박 당한다 해도 우리의 의견을 수용하지 않는다. 그래서 긴 대화는 종종 시간 낭비이며 불쾌함만 남는다. 이단으로부터의 구원은 이단에 대한 전문 상담사가 있는 이단대책기관으로 안내하는 것이 최선이다.

• 이단을 만나 본 일이나 대화해 본 일이 있다면 말해 보세요.

정리하며

참된 교회는 성경 말씀의 신실한 전파, 정당한 성례와 권징의 시행이라는 세 가지 핵심적인 표지를 통해 구분됩니다. 이러한 표지들은 단순한 형식이 아니라 교회의 본질적 사명을 나타내는 것으로, 교회가 하나님의 뜻에 따라 올바로 세워지고 운영되는지를 판단하는 기준이 됩니다. 성도 개개인은 이러한 내용을 바르게 이해하여 참된 교회와 거짓 교회를 분별해야 합니다.

한 주간 약속

소그룹에서 서로 토의하여 자유롭게 만들어 봅시다.

예) 이단과 불건전단체 목록을 찾아보고 수를 세어본 후 느낀 점 나누기.

Lesson 8

고신교회의 역사와 정신

이사야 60:1-3

찬양을 드리며: 시온의 영광이 빛나는 아침(550장), 시온성과 같은 교회(210장)

주간 약속 나누기: 한 주간의 약속을 나누고 서로의 모습을 있는 그대로 받아 주세요.

마음열기

"(신사참배 반대로) 옥중에서 고생한 사람이나, 교회를 지키기 위해 고생한 사람이나, 그 고생은 마찬가지였고, … 교회를 등에 지고 일제의 강제에 할 수 없이 굴한 사람의 수고가 더 높이 평가되어야 한다."(홍택기 목사, 신사참배 결의 당시 총회장).

"신사참배는 하나님의 계명을 거스르는 무서운 죄입니다. 우리가 다 연약하여 넘어져 죄를 지었습니다. … 우리 모두 신사참배의 죄를 회개하고, 새로운 하나님의 교회를 건설합시다." (출옥한 지도자들의 주장).

- 위의 두 주장에 대해 어떤 생각이 듭니까?

성경과의 만남

일제는 조선을 삼킨 후 국가 행정과 교육을 직접 통제하여 일본화하였습니다. 1919년 삼일운동으로 인해 잠시 유화 정책을 시도하였으나 1930년대 이후부터는 교회와 기독교 학교에도 일본 군국주의 국가 이념에 대한 종교적 숭배 행위로서 신사참배를 요구하였습니다. 일본식민지 정부는 교회를 일본국가주의 실현을 위한 도구로 삼기 위해 노골적으로 회유하고 압박하고 박해하였습니다.

1. 일본식민지 정부의 박해에 신실한 성도는 어떻게 반응했습니까? (출 20:3)

➔ 신사참배는 우상숭배이므로 고난과 순교를 각오하고서라도 강력히 반대했습니다.

해설 신사는 일본의 민간 종교인 신도(神道)의 사원이다. 일본은 신사를 중심으로 소위 천황을 신격화하여 참배하게 함으로써 제국주의적 침략과 식민지 지배에 이용하였다. 일본은 신사참배를 국가의례라며 교회를 회유하였다. 강력한 반대 입장을 보였던 장로교회도 일본의 조직적인 협박으로 결국 굴복하여 1938년 총회에서 신사참배를 수용하는 결의를 했다. 그러나 지속적으로 신사참배에 반대한 교회 지도자들이 있었다. 특히 부산경남 지역 장로교회에서 반대 운동을 한 지도자들이 많이 있었는데, 그 중에서 주기철 목사(진해, 평양), 손양원 목사(마산), 한상동 목사(부산, 평양), 주남선 목사(거창), 이인재 전도사(밀양) 등이 잘 알려져 있다. 이들은 정치범으로 간주되어 수감되었고 고문당하고 순교하기도 했다.

• 신사참배 굴복과 반대에 대해 어떻게 생각합니까?

2. 해방 이후 한국교회는 어떻게 쇄신했습니까? (스 10:11)

➔ 신사참배에 굴복한 일을 회개하고 쇄신하고자 출옥 성도를 중심으로 회개 운동을 펼쳤습니다.

해설 1945년 8월 15일 해방과 함께 일본의 식민지 통치가 종식되고 수감되었던 신사참배 반대 운동 지도자들이 석방되었다. 그들은 교회의 친일청산 방법으로 신사참배에 대한 철저한 회개를 요구하였고 교회 쇄신을 위한 회개 운동을 주도했다. 많은 사람이 회개 운동에 참여하면서 교회에는 성령의 부흥이 일어났다. 그러나 일제에 협력했던 다수의 교회 지도자들은 정치력을 이용하여 회개 운동을 억압했다. 회개 운동 지도자들을 노회에서 배제하였고, 성도들을 교회에서 축출하였다. 한국장로교회 주류에서 축출 당한 회개 운동을 이끈 지도자들과 참여한 성도들을 중심으로 고신교회가 형성되었다. 출옥성도인 한상동, 주남선 목사와 손양원, 박윤선, 한부선 선교사 등 지도자들은 폐교된 평양신학교를 대체하여 1946년 부산에서 고려신학교를 설립했다. 신사참배 반대 운동과 회개 운동의 정신으로 강직하고 신실한 믿음과 순교적 신앙을 가진 목사 양성이 목표였다.

- 교권을 가진 이들이 회개 운동을 주도하던 이들을 박해한 이유는 무엇일까요?

3. 고신교회의 신앙과 영성의 특징은 무엇입니까? (단 3:18)

➔ 순교 정신, 개혁주의 신학, 사랑을 실천하는 삶, 절제 운동 등에서 고신교회의 신앙과 영성의 특징이 드러납니다.

해설 고려신학교와 고신교회는 일제강점기 배교 이전의 정통 신앙고백 회복이면서 기독교계의 철저한 친일청산의 상징적 신학교와 교회였다. 고신교회에는 처음부터 한국교회 그 어느 교단에도 볼 수 없었던 특별한 영성과 성령의 역사가 있었다

첫째, 한상동, 주남선 목사의 순교 정신이다. 한상동, 주남선 목사는 교회의 순결과 회복을 위해 신사참배 반대 운동을 지속하다가 수감되었던 신앙 지도자였다. 두 사람의 헌신으로 고신교회는 정통신앙과 순결한 생활의 터전을 다질 수 있었다. 둘째, 박윤선 목사의 개혁주의 신학이다. 박윤선 목사는 한국교회에 개혁주의 신학을 잘 소개하였고, 성경 전반에 걸친 주석서 발간으로 건전한 성경신학 기초를 다졌다. 박윤선 목사 덕에 고신교회는 정통신학과 교리를 다질 수 있었다. 셋째, 손양원 목사와 장기려 박

사의 사랑을 실천하는 삶이다. 고려신학교 총무로 일한 손양원 목사는 두 아들을 살해한 가해자를 사랑으로 용서하고 구명 활동하여 아들로 삼았으며, 한국전쟁 때는 한센병자를 돌보며 목회하던 중 자신도 공산군에게 고문당하고 총살당해 순교하였다. 장기려 박사는 한국전쟁 때 부산에서 전영창 선생의 경남구제회가 운영한 복음의원(복음병원) 원장으로 피난민들과 가난한 사람들을 치료했다. 청십자의료협동조합을 설립하여 운영해 도움을 주었다. 평생 낮은 곳에서 청빈하게 살며 복음병원에서 사랑을 실천한 의사였다. 넷째, 송상석 목사의 절제 운동이 있었다. 송상석 목사는 1930년대에 절제 운동으로 사회민족교육운동을 했고, 고려신학교와 고신교회의 형성, 기독교보 창간과 찬송가 편찬 등 문서 활동에도 기여하였다.

고신교회는 해방 이후 한국기독교의 철저한 개혁과 회개의 영성, 정통신앙과 개혁신학, 기독교적 사랑 실천, 생활의 절제 운동이라는 네 가지 전통이 함께 있어 "신앙의 정통과 생활의 순결"이라는 토대 위에 세워진 교회였다. 오늘날도 고신교회는 교회 수가 가장 많은 교단은 아니지만 정통신앙과 신학, 교회교육, 해외 선교에서 수월성을 보이는 대표적인 장로교회이고 좋은 교회다.

- 손양원 목사와 장기려 박사의 삶에서 느낀 점을 이야기해 봅시다.

정리하며

한국교회에도 어려움이 있었습니다. 그러나 그 가운데서도 믿음을 지키고 헌신한 이들이 있었습니다. 그들의 후예가 바로 고신교회입니다. 고신교회는 순교 정신, 개혁주의 신학, 사랑의 실천, 절제 운동이라는 특별한 신앙과 영성을 지니고 있습니다. 계속해서 우리는 이러한 신앙과 영성을 증진시키도록 더욱 힘써야 할 것입니다.

한 주간 약속

소그룹에서 서로 토의하여 자유롭게 만들어 봅시다.

예) 고신교회의 초기 역사를 소개한 글을 찾아 읽어보고 느낀 점 나누기.

6단원

종말과 하나님 나라

1992년 한국교회와 사회에 기독교계에는 '시한부 종말론' 광풍이 몰아쳤습니다. 시간이 흐르면서 거짓이 드러났지만, 그 사건 이후 사람들은 종말 이야기를 기피하게 되었고, 기독교에 대한 사회적 이미지는 냉소적으로 바뀌었습니다. 종말의 특정 시점에 관한 주장이 거짓임을 예수님이 명백하게 가르쳤음에도 어떤 사람들은 지속적으로 성경에 암시된 징조와 현시대 사건을 비교하면서 특정 시점을 예측하려 합니다. 종말은 우리의 삶에 실존적으로 그리고 영적으로 큰 의미를 부여하는 주요한 주제입니다.

Lesson 1

인생과 죽음

창세기 2:17, 히브리서 9:27

찬양을 드리며: 주의 곁에 있을 때(401장), 잠시 세상에 내가 살면서(492장)

주간 약속 나누기: 한 주간의 약속을 나누고 서로의 모습을 있는 그대로 받아 주세요.

마음열기

인간의 노력과 어떤 준비도 죽음 앞에서는 소용이 없습니다. 죽음 앞에서 우리는 모든 것을 내려놓아야 합니다. 죽음은 타락한 인간이 그토록 열망하는 신(神)이 결단코 아님을 보여주는 높은 벽입니다. 인간은 생명을 절대적으로 하나님께 의존하고 있는 피조물입니다. 그래서 죽음은 인간에게 피조물임을 알려주는 한계 조건이며, 절대적 안전과 안정을 확보할 수 없도록 만드는 근원적인 불안과 두려움의 근원입니다.

• 죽음에 대하여 어떤 생각을 해보았습니까?

성경과의 만남

사람들이 두려워하는 것이 많이 있지만, 그 가운데서도 본능적으로 가장 두려워하는 것은 죽음입니다. 그 이유는 누구도 죽어 장사 된 후에는 다시 살아 돌아온 사람이 없기에 죽은 후 어떤 일이 기다리고 있는지 확실하게 알지 못하기 때문입니다. 오늘날 건강하면 100세를 넘겨 살아 있는 사람도 더러 있으나 누구도 영원히 살 수 없습니다. 인간에게 보편적인 죽음은 무엇이며, 언제 어떻게 시작되었을까요?

1. 인간의 죽음은 언제 들어왔습니까?? (창 2:16-17)

➔ 타락 이후 예고된 형벌로서 죽음이 들어왔습니다.

해설 처음 사람 아담은 한동안 생명의 존재로 살았다. 그러나 하나님을 배역하는 죄를 지으면서 죽음이 세상에 들어왔다. 창세기 2장 16-17절은 죽음이라는 말이 처음 나오는 성경 본문이다. 죽음은 하나님과의 언약 관계에서 배역한 죄의 예고된 형벌이었다. 아담 이후로 아담 안에 있는 모든 사람은 그 언약 배역의 결과로 죽음을 피할 수 없다. 죽음에는 예외가 없다. 성공한 사람도, 지혜로운 사람도, 유명한 사람도, 권세를 누리는 사람도 안타깝지만 죽음을 피할 수 없다. 어떤 사람은 질병으로, 어떤 사람은 늙어서, 또 어떤 사람들은 사고로 예기치 못한 죽음을 맞이한다. 의학의 발전과 생명공학의 혁신으로 건강하게 살아가는 기간이 길어졌지만, 여전히 극복하지 못한 질병이 많다. 폭력과 사고와 전쟁은 안타까운 죽음의 원인이 된다. 기계장치에 의지한 채 겨우 생명 기능만을 유지하는 이들도 있다. 결국 타락한 인간에게 이 세상에서의 죽음은 피할 수 없는 운명이다.

- 근원적인 죽음에 대한 불안감을 줄일 수 있는 방법은 무엇일까요?

2. 죽음의 진정한 의미는 무엇입니까? (롬 6:23)

➔ 생명을 주시는 하나님으로부터 분리됨입니다.

해설 죽음이 오게 된 더 깊은 원인은 인간이 생명을 주시는 하나님으로부터 분리됨에 있다. 사람은 하나님과의 관계 안에서 교제를 나누며 살도록 지음을 받았다. 그런데 아담과 하와의 배역으로 하나님과의 친밀한 관계는 대립적 관계로 바뀌었다. 아담과 하와는 하나님을 두려워하게 되었고, 하나님과의 만남을 피하고 숨었다. 죽음은 개인 차원에서 육체로부터 영혼이 떠나 분리되는 것이지만, 근본적으로 사람이 생명을 주시는 하나님을 떠나면서 찾아왔다. 사람이 생명을 가지고 살면서도 그 생명을 주신 하나님과의 관계가 끊어진다면 먼저는 영적인 죽음이 오고, 하나님의 은혜로 지속되던 생물학적 몸에도 죽음이 다가온다. 생명을 주시는 하나님과 친밀하고 좋은 관계를 유지하면 생명이 유지될 뿐만 아니라 풍성한 생명을 누리게 된다. 우리는 그리스도 안에서 성령으로 회복되어 영적인 생명을 얻고, 몸이 생명의 부활을 얻을 것이며, 마침내 영원한 생명을 누리게 될 것이다. 예수님은 이렇게 말씀하셨다. "내가 온 것은 양으로 생명을 얻게 하고 더 풍성히 얻게 하려는 것이라"(요 10:10). "내가 곧 생명의 떡이니라"(요 6:48).

- 의학 발달과 생명 연장 노력이 어떤 의미에서 헛된 이유는 무엇일까요?

3. 죽음 이후에 무슨 일이 일어납니까? (히 9:27)

➔ 성경에 따르면 사람이 죽은 후에 심판이 있습니다.

해설 성경은 사람이 죽은 후에는 심판이 있다고 말한다(히브리서 9:27). 하나님은 공의로우신 분이다. 행위언약에 따른 원죄와 각 사람이 범한 죄를 심판하신다. 그래서 죽음 이후에 모든 사람은 하나님의 심판정에 서게 될 것이고, 그 사람의 행위에 따라 심판받을 것이다. 그때 영벌이 아니라 영생을 선고받는 사람도 있다. 그들은 하나님이 주신 은혜로운 조처인 복음을 듣고 믿은 자들이다. 복음은 믿는 사람에게 하나님은 대속을 적용하여 형벌을 면제하고 의인 혹은 하나님의 자녀가 되는 특권을 주셨다. 그러나 복음을 거절하는 사람에게는 하나님이 주실 더 좋은 것은 남아 있지 않다. 복음을 믿어 그리스도 안에 있는 사람에게는 성령님을 통해 생명의 구원이 이미 작동하고 있고, 죽음이 온다고 하더라도 부활과 영생을 얻게 될 것이다. 소교리문답 제37문답은 다음과 같이 설명한다: "신자의 영혼은 그들이 죽을 때 완전히 거룩하게 되어 즉시 영광 중에 들어가고, 육신은 여전히 그리스도께 연합하여 부활 때까지 무덤에서 쉽니다." 따라서 그리스도인에게 죽음은 더 이상 형벌 혹은 하나님과의 분리가 아니다. 죽음은 죄된 본성으로부터의 분리이며, 타락 이후 이 세상에서 겪는 비참함으로부터의 해방이다. 그리스도인의 죽음은 안식과 위로와 거룩과 영광에 이르는 과정이다. 그래서 사도 바울은 사망에 대하여 승리를 선언하며 하나님께 감사했다(고전 15:55-57).

가까운 부모와 형제자매의 죽음은 우리를 슬프게 한다. 그러나 우리의 슬픔은 절망의 슬픔, 영원한 분리의 슬픔이 아니다. 먼저 떠난 사람의 불행한 운명을 슬퍼하고 무력감으로 슬퍼하는 것도 아니다. 왜냐하면 그리스도는 죽음 이후에도 그리스도 안에 있어서 영원한 안식과 영생을 얻을 것이기 때문이다. 그래서 그리스도인은 죽음 앞에서도 소망 가운데 찬송할 수 있다.

- 은혜로운 장례식에 참여한 경험이 있다면 나누어 봅시다.

정리하며

인간의 죽음은 아담의 타락 이후 하나님께서 예고하신 형벌로서 이 세상에 들어왔으며, 그 이후로 모든 인간은 죽음을 피할 수 없게 되었습니다. 죽음의 본질적 의미는 생명의 근원이신 하나님으로부터의 분리이며, 이는 육체적 죽음뿐만 아니라 영적인 죽음을 포함합니다. 성경은 사람이 죽은 후에 하나님의 심판이 있음을 말하고 있지만, 그리스도를 믿는 자들에게 죽음은 더 이상 형벌이 아니라 죄된 본성과 이 세상의 비참함으로부터 해방되어 영원한 안식과 영광에 이르는 과정이 됩니다. 그러므로 그리스도인들은 죽음 앞에서도 부활과 영생의 소망을 가지고 찬송할 수 있습니다.

한 주간 약속

소그룹에서 서로 토의하여 자유롭게 만들어 봅시다.

예) 최근 죽음학, 죽음 교육이라는 말을 많이 듣습니다. 무엇을 가르치는 내용일까요? 찾아보고 나누어 봅시다.

Lesson 2

종말의 비유

마태복음 25:1-46

찬양을 드리며: 예수 나를 오라 하네(324장), 보아라 즐거운 우리 집(235장)

주간 약속 나누기: 한 주간의 약속을 나누고 서로의 모습을 있는 그대로 받아 주세요.

마음열기

고령화 사회에 접어들면서 웰다잉(Well-dying), 죽음학, 죽음교육 등 교양교육 프로그램이 많아졌습니다. 한 대학의 대학원에는 생사학(生死學)이라는 전공 학과가 만들어져 죽음교육 전문가와 학자를 양성하기도 합니다. 죽음은 오랫동안 신학(종교)과 철학과 문학의 주요 주제였습니다. 그런데 최근의 죽음학과 죽음교육은 사회과학으로서, 심리학과 사회학의 방법론으로 인문학과 융합을 시도하는 새로운 접근입니다. 따라서 죽음학과 죽음교육은 죽음으로부터의 구원을 가르치는 것이 아닙니다. 단지 죽음을 직면하는 과정에 관심을 가질 뿐입니다.

- 죽음교육 프로그램에 참여한 일이 있다면 어떤 내용이었는지 말해 보세요.

성경과의 만남

예수님은 그분만 일차적인 경험으로 가르칠 수 있었던 하나님과 하나님 나라의 진리를 놀랍도록 쉽고, 단순하고, 실제적인 방식으로 그리고 비유로 가르치셨습니다(마 7:28). 비유는 영적이고 추상적인 진리를 쉽게 이해할 수 있도록 사람들의 익숙한 삶의 경험을 사용하여, 의도하는 한 가지 국면의 뜻을 인상적으로 가르치는 방법입니다. 오늘은 마태복음 25장에 나오는 종말과 하나님 나라에 대한 예수님의 비유를 간단히 살펴봅시다.

1. 예수님의 열 처녀 비유는 무엇을 교훈합니까? (마 25:13)

➔ 예상보다 길어질 수 있으니 종말의 시점을 충분히 준비해야 한다는 교훈입니다.

해설 열 처녀 비유(마 25:1-13)는 하나님의 나라를 바라보며 살아가는 사람들에게 종말의 시점이 예상보다 길어질 수 있으므로 충분히 준비해야 할 것을 가르친다. 이 비유에서 중요한 것은 두 가지다. 첫째는 신랑이 도착할 시점을 정확하게 알 수 없고 예상보다 길어질 수 있다는 점이다. 예수님은 종말 시점에 대하여 처음부터 사람들의 예상보다 길어질 수 있음을 예고하셨고, 종말 시점을 알 수 없기 때문에 항상 의식하고 있어야 함을 강조하셨다(마 25:13). 두 번째는 암시적인 교훈이다. 비유에 대한 해석에서 명확하게 설명하지 않았기 때문에 암시적인 교훈이라 하겠으나, 비유에서 단연 중요한 소재는 기름이다. 결혼 예식에 입장할 수 있는 조건이 되는 기름은 예수님의 종말 교훈에서 종종 언급된 믿음으로 이해하는 것이 자연스럽다. 예수님은 마지막 때에 믿음을 보겠느냐고 말씀하셨다. 예수님은 이미 천국이 순박하게 믿는 자들에게 주어진다고 가르쳐 오셨다. 이에 비추어 종말을 위한 준비는 근본적인 신앙 고백을 잘 다지는 것이라 하겠다.

• 나는 늘 깨어서 예수님의 오심을 잘 준비하고 있습니까?

2. 예수님의 달란트 비유는 무엇을 교훈합니까? (마 25:21)

➔ 종말 시기를 사는 그리스도인의 자세에 대한 교훈입니다.

해설 달란트 비유(마 25:14-30)는 하나님의 백성이 이 세상에서 어떻게 살아야 하는지를 가르친다. 이 비유도 당대의 경험에서 상상 가능한 이야기다. 이 비유의 핵심 교훈은 명시적인 것 한 가지와 암시적인 것 한 가지다. 명시적인 교훈은 주인의 평가에 잘 나타난다. 주님의 재림을 위한 준비는 하나님을 섬기는 종의 역할을 성실하고 열심히 해야 한다는 것이다. 재능과 맡은 분량보다 더 중요한 것은 종의 역할을 성실하게 열심히 해내는 것이다. 종의 역할을 거부하고 시간을 낭비하는 것은 자신의 지위를 위태롭게 만든다. 두 번째 암시적인 교훈은 주인의 귀환이 많이 늦어진다는 것이다. 주인의 귀환이 늦어지더라도 주인의 귀환 여부를 고민하거나 의심할 필요는 없다. 오히려 더 일할 수 있는 시간 확보로 받아들일 수 있다.

• 나는 하나님의 청지기로서 성실히 일하고 있습니까?

3. 예수님의 양과 염소 비유는 무엇을 교훈합니까? (마 25:40)

➔ 재림하신 예수님께서 구원 대상과 심판 대상을 나누시리라는 교훈입니다.

해설 양과 염소 비유(마 25:31-46)는 종말에 예수님이 재림하여 왕이면서 재판장으로서 사람들을 구원 대상과 심판 대상으로 나눌 때 그 기준이 무엇인지를 교훈한다. 이 비유는 목축업이 일반적이었던 당대의 관례에서 익숙한 경험을 비유로 삼는다. 목자나 주인이 들판에서 집에 돌아와 양과 염소를 나누어 우리에 넣는 작업을 비유하여 구원 대상과 심판 대상을 구분했다. 그런데 이 구분의 기준이 양편 모두에게 공정하지 않은 것처럼 보였다. 그래서 공정한 기준에 대한 호소와 토론이 길게 이어졌으나 재판장은 그분의 나라인 하나님 나라에 적용되는 기준을 명확하게 공포한다.

이 비유의 명시적인 핵심 의미는 하나님 나라에 들어갈 구원 대상의 기준이 약자를 향한 구체적인 사랑의 실천이라는 것이다.

약자를 위한 구체적인 사랑의 실천은 그리스도께 베푼 실천으로 여겨지고, 이런 사랑의 행위가 하나님 나라에 들어갈 사람들의 특성이라는 것이 예수님의 교훈이다. 여기서 구원의 조건으로 믿음이냐 사랑이냐 하는 구분은 의미가 없다. 사랑은 믿음의 결과이기 때문이다. 야고보서는 사랑의 행함이 있는 믿음이 온전하고 참된 믿음이라 하였다(약 2:22). 예수님의 비유에서도 약자에 대한 사랑은 율법의 순종에 대한 선행으로 설명된 것이 아니라 예수님과의 관계에 기초한 사랑의 실천이라는 점에서 믿음의 결과라 보아야 할 것이다.

또한 이 비유는 부가적으로 하나님 나라에 들어가는 구원과 거부당하고 형벌 받는 심판 기준이 사람들의 일반적인 생각과 일치하지 않을 것임을 암시한다. 사람들은 종종 종교적 구원과 축복도 자신들이 생각하는 정의와 선의 기준에 따라 이루어져야 한다고 생각한다. 아마 종말의 심판에서 하나님 나라에 합당한 대상 또는 부적합한 대상으로 선고받을 때 그 기준을 납득하지 못하고 항의할 것이다. 그러나 그리스도는 하나님 나라의 기준을 계시하셨다. 그리고 그분의 나라에 대한 주권을 가지신 그분이 그분의 기준으로 집행할 것이다.

- 세 가지 종말 비유 중 한국교회에 더 절실하다고 생각하는 비유는 무엇입니까? 그 이유도 말해 보세요.

정리하며

예수님의 세 가지 종말 비유는 각각 중요한 교훈을 담고 있습니다. 열 처녀 비유는 종말의 시점이 예상보다 길어질 수 있으므로 믿음으로 충분히 준비해야 함을, 달란트 비유는 주님의 재림을 기다리는 동안 맡겨진 사명을 성실히 감당해야 함을 가르칩니다. 양과 염소의 비유는 재림하신 예수님께서 구원과 심판의 대상을 나누실 때 약자를 향한 구체적인 사랑의 실천이 기준이 될 것임을 보여줍니다. 이 세 비유는 모두 종말을 살아가는 그리스도인의 바른 자세가 깨어있는 믿음과 성실한 섬김, 그리고 사랑의 실천임을 종합적으로 가르치고 있습니다.

한 주간 약속

소그룹에서 서로 토의하여 자유롭게 만들어 봅시다.

예) 달란트 비유에서 자신이 받은 달란드가 얼마인지 그리고 현재 어떤 상태인지 생각해 보고 느낀 점을 나누어 보세요.

Lesson 3

재림을 기다린 사람들

데살로니가후서 1:4, 3:10-11

찬양을 드리며: 하나님의 나팔 소리(180장), 주 예수의 강림이(179장)

주간 약속 나누기: 한 주간의 약속을 나누고 서로의 모습을 있는 그대로 받아 주세요.

마음열기

하나님의 은혜언약의 완전한 성취를 위해 구약 성도들은 오랫동안 예언된 그리스도가 오시기를 기다렸습니다. 아브라함은 하나님의 약속이 지체된다고 여겨 기다림에서 실수하는 일도 있었습니다. 그럼에도 잘 기다렸습니다. 신약 시대와 교회 시대의 성도들은 그리스도의 재림을 기다리는 사람들입니다. 은혜언약 안에 있는 모든 사람이 기다리는 사람 곧 믿음의 사람입니다.

- 그리스도의 재림을 기다린다면 이유는 무엇입니까? 재림이 늦어지기를 바란다면 그 이유는 무엇입니까?

성경과의 만남

종말론에서 예수 그리스도의 재림은 가장 중요한 주제입니다. 그런데 이 주제에 대한 과도한 문자적 해석과 교주와의 관계 이해에서 많은 기독교 이단이 생겨났습니다. 우리나라에 특히 종말론과 관련해 많은 이단과 불건전단체가 있습니다. 이단은 종종 재림과 종말론 해석에서 기존 교회보다 탁월하다고 주장하면서 사람들을 미혹합니다. 그러나 우리는 성경의 가르침에 기초해 거짓을 잘 분별해야 합니다.

1. 예수님의 재림은 반드시 일어날 일일까요? (행 1:10-11)

➔ 성경에 따르면 예수님은 반드시 오실 것이라고 합니다. 그러므로 초대교회 때부터 소망과 확신을 가지고 재림을 기다리고 있습니다.

해설 하나님 나라는 예수님과 함께 '벌써' 왔지만 '아직' 완성되지 않았다. 하나님 나라는 예수님의 재림으로 완성된다. 예수님이 승천하실 때 천사들은 예수님의 재림을 예고했다. 요한계시록 마지막 부분에서 주 예수님은 사도 요한에게 "내가 진실로 속히 오리라"고 말씀하셨다. 이 말씀에 요한은 "아멘 주 예수여 오시옵소서"라고 응답했다(계 22:20). 예수님의 재림은 우리 구원의 완성이고 하나님 나라의 완성을 뜻하므로 그리스도인들의 한결같은 소망이다. 그래서 초대교회 성도들은 예수님의 재림을 기대하며 살았다. 그리스도인들끼리 인사를 할 때 당시 유대인들이 사용하던 아람어로 '마라나타(주 예수여 오시옵소서)'라고 인사했다.

어떤 사람들은 예수님의 재림이 자기들 예상보다 늦어지고 있다고 생각한다. 그래서 진보적인 신학자 중에는 예수님 재림을 오순절 성령강림으로 생각하거나 재림은 확실하지 않다고 생각하는 사람이 있다. 그러나 예수님의 재림은 분명한 예수님의 말씀이고 우리 신앙의 근간이다.

• 재림 신앙을 흔드는 요인들로 무엇이 있을까요?

2. 임박한 재림에 몰두한 사람이 맞이할 결국은 무엇입니까? (살후 3:11)

➔ 임박한 재림에 몰두하여 가족이나 다른 사람에게 피해를 주는 이들이 있는데 이들은 결국 부끄러움을 당하게 됩니다.

해설 사도 바울에게 '믿음의 역사(사건 혹은 표적), 사랑의 수고, 소망의 인내'를 가지고 있다고(살전 1:3) 칭찬받은 데살로니가 교회에 혼란스러운 일이 일어났다. 예수님의 임박한 재림을 예상했던 사람들이 다른 성도에게 자신들의 주장을 퍼뜨리고 설득하려 했다. 이들은 재림이 얼마 남지 않았다고 생각했기 때문에 생활비를 마련하는 일도 불필요하다고 보고 일을 당장 그만두었다. 그러고선 식사 문제를 교회의 공동식사와 성도들의 호의에 기댐으로써 교회에 부담을 주는 데까지 이르렀다. 사도 바울은 데살로니가 교회에 이 문제를 단호하게 처리하도록 요구했다. "누구든지 일하기 싫어하거든 먹지도 말게 하라"(살후 3:10). "조용히 일하여 자기 양식을 먹으라"(살후 3:12). 예수님의 재림은 분명하지만, 재림의 시점이 자의적으로 임박하다고 생각하여 일상의 기본적인 일을 그만두고 기다리기만 하거나, 이로 인하여 다른 사람들에게 생활의 짐을 전가하는 일은 잘못이다.

예수님이 전하신 달란트 비유에서 성실히 일한 종이 주인에게 칭찬받았다. 예수님은 재림 때 충성된 종으로서 일상에 최선을 다한 사람이 복이 있다고 말씀하셨다(마 24:45-46). 우리나라에서도 임박한 재림을 기다린다며 생업과 재산과 관계를 포기하고 집단을 이룬 사람들은 대부분 부끄러움을 당했고, 이단 교주의 기만에 피해자가 되었다. 이런 무모한 행동을 분별할 수 있어야 한다.

• 임박한 재림 주장에 미혹되는 이유는 무엇일까요?

3. 어떤 자세로 재림을 기다려야 할까요? (눅 12:40)

➔ 예수님은 항상 깨어서 경건하게, 청지기로서 성실하게 그리고 복음을 전하며 살아야 합니다.

해설 첫째, 항상 깨어 있는 경건한 삶을 살아야 한다(마

24:42, 25:13). 하나님이 재림 일시를 알려 주지 않은 것은 우리를 애태우려는 의도가 아니라 우리가 항상 종말론적 믿음과 진지한 삶을 살도록 하기 위함이다. 그리스도 안에 있는 우리가 말씀의 기초에서 성령의 인도에 따라 살아간다면 미혹과 시험과 환란에도 불구하고 끝까지 견딜 수 있을 것이다(마 24:13).

둘째, 하나님의 청지기로서 성실하게 살아야 한다(마 24:45-46). 하나님이 맡기신 사명과 일상을 성실히 감당하며 살아야 한다. 그러나 이 세상 세계관과 인생관에 따라 현세의 소유와 안정된 삶과 행복에 과도히 몰입해선 안 된다. 이 세상에서 본향을 기다리는 나그네(히 11:13)로서 완성될 하나님 나라를 기대하며 성실히 살아야 할 것이다.

셋째, 예수님의 복음을 전하며 살아야 한다. 예수님은 "이 천국 복음이 모든 민족에게 증언되기 위하여 온 세상에 전파되리니 그제야 끝이 오리라"(마 24:14)라고 말씀하셨다. 물론 예수님의 재림이 우리의 복음 전파 여부에 달린 것은 아니다. 그러나 예수님이 주신 사명을 기억하며 복음을 전해야 한다.

- 내가 생각하는 항상 깨어 있는 삶은 구체적으로 어떤 삶입니까?

정리하며

예수님의 재림은 성경이 분명히 약속하는 우리의 소망이자 구원의 완성입니다. 그러나 재림의 시기를 예측하거나 임박했다고 주장하며 일상을 포기하게 하는 주장은 잘못된 주장입니다. 오히려 우리는 재림을 기다리면서 깨어있는 삶을 살며, 청지기로서 맡겨진 사명을 성실히 감당해야 합니다. 동시에 복음을 전하는 삶을 살아야 합니다. 이러한 자세야 말로 균형 잡힌 재림 신앙인의 자세일 것입니다.

한 주간 약속

소그룹에서 서로 토의하여 자유롭게 만들어 봅시다.
예) 구역원들과 "마라나타"로 인사해 보기.

Lesson 4

최후의 심판

마태복음 25:31-46

찬양을 드리며: 하나님의 나팔 소리(180장), 주 예수의 강림이(179장)

주간 약속 나누기: 한 주간의 약속을 나누고 서로의 모습을 있는 그대로 받아 주세요.

마음열기

부활 직후에 천사들과 사람들에 대한 전체적인 최후 심판이 있을 것입니다. … 심판 날에 악인들은 그리스도의 왼편에 세워질 것이고, 확실한 증거와 그들 자신의 양심의 충분한 확증에 근거하여 두려우면서도 공평한 정죄의 선고를 받게 될 것입니다. … 심판 날에 의인들은 구름 속으로 그리스도에게로 끌어올려져 그분의 오른편에 세워 질 것이고, 거기서 공개적으로 인정을 받고 무죄선언을 받으며, 버림받은 천사들과 사람들을 그리스도와 함께 심판할 것입니다. … <대교리문답 제88-90문답>

- 최후의 심판이 그리스도인에게는 두려운 일이 아닌 이유를 말해 보세요.

성경과의 만남

성경은 예수님의 재림으로 최후의 심판이 있을 것이라고 예고합니다. 최후의 심판은 구약 성경에서 선지자들에 의해 '여호와의 날'로 예언되었습니다. 예수님은 종말 비유에서 최후의 심판 광경을 생생하게 드러내셨습니다. 그리고 사도 요한은 환상으로 최후의 심판 모습을 요한계시록에 기록하였습니다. 죽음으로 모든 것이 끝나는 것이 아니라 하나님의 심판이 있다는 말씀은 종말론의 중요한 주제입니다.

1. 최후 심판이 있는 이유는 무엇입니까? (마 25:31-33)

➔ 하나님께서 공의로우신 분이므로 배역과 불의에 대하여 심판하십니다.

해설 예수님은 종말 비유에서 최후 심판을 분명하게 말씀하셨다. 하나님은 공의로운 분이셔서 행위언약에 근거하여 그리고 은혜언약에 따라 배역과 불의에 대하여 모든 사람을 심판하신다. 그 누구도 하나님의 형벌을 피할 수 없을 것이다. 단지 은혜언약에 따라 그리스도의 대속을 적용받은 사람 곧 그리스도 안에 있는 사람들만 형벌에서 면죄되는 은혜를 받는다.

인간의 죄에 대한 하나님의 정죄는 우리의 예상을 뛰어넘을 것이다. 왜냐하면 우리 사회의 형법은 사회적 합의에 따른 임의적인 법률이고 다른 사람에게 상당한 피해를 준 실제적 범죄에 제한된 최소한의 정죄와 통제이기 때문이다. 그러나 하나님의 법정에서는 그렇지 않다. 하나님의 법정은 마음에서 일어나는 본능의 탐닉과 생각과 신념의 문제, 하나님을 향한 종교적 배역의 문제, 고발당하지 않고 적발되지 않아 묻혀버린 범죄, 사법부도 통제하기 어려운 권력자들의 범죄, 변호사들의 능력으로 적당한 수준에서 무마된 문제들도 하나님의 심판에서는 회피될 수 없을 것이다.

- 조사를 받거나 재판을 받은 적이 있습니까? 어떤 느낌이었습니까?

2. 그렇다면 하나님께서 심판하시는 목적은 무엇입니까? (살후 1:8)

➔ **하나님께서는 공의로운 심판을 통해 영광을 드러내실 것입니다.**

해설 하나님이 이 세상과 사람들을 심판하시는 이유와 목적은 무엇일까? 신앙고백서 제33장 2항은 다음과 같이 설명한다: "하나님이 이날을 정하신 목적은, 택자들의 영원한 구원으로는 자기의 자비의 영광을, 악하고 불순종한 유기자(버림받은 자)의 심판으로는 자기의 공의의 영광을 드러내시기 위함이다. 그때 의인들은 영생으로 들어가서 주님의 임재로 인하여 임할 희락과 위안을 충분히 받는다. 그러나 하나님을 알지 못하고 예수 그리스도의 복음을 순종하지 않은 악인들은 영원한 고통에 던져질 것이요, 주님의 임재와 그분의 영광스러운 권세에서 쫓겨나서 영원히 멸망당하는 형벌을 받는다."

최후 심판은 사탄과 인간에 의해 초래된 불의와 하나님 모욕을 공의와 영광으로 회복시키는 우주적 사건이 될 것이다. 하나님의 공의와 영광의 속성은 사탄과 인간의 타락에 의해 무효가 되지 말아야 하고, 하나님의 창조 세계와 피조물 안에서 회복되어야 한다.

- "하나님이 아신다", "하나님이 갚으실 것이다"라는 말이 위안이 된 때가 있었다면 이야기해 보세요.

3. 하나님께서 보내실 심판주는 누구입니까? (벧전 5:4)

➔ 하나님께서 심판주로 정하신 분은 하나님의 아들 예수 그리스도입니다.

해설 하나님이 심판주(審判主)로 정하신 분은 하나님의 아들 예수 그리스도다. 하나님은 그분을 세워 살아있는 자와 죽은 자 모두를 심판하게 하셨다(행 10:42). 예수님이 대속적 구원주로 오실 때는 연약한 아기 예수로 처음 임하셨지만, 다시 오실 때에는 권세와 영광을 가진 심판주로 오실 것이다. 그분의 영광과 권세는 사람들로부터 위임받은 것이 아니고, 하나님께 받은 것이다. 하나님이 주신 영광과 권세는 절대적 권위에 속한 것이므로 더 이상 이의나 타협을 제기할 수 없다.

심판주 예수 그리스도의 심판은 공의롭다. 이 세상에서는 경찰과 검사와 변호사와 판사에 의해 판결에 주관성이 개입되기도 하여 불공정하다는 시비가 끊이질 않는다. 최대한 정의로운 사법체계를 만들려고 노력하지만 시간이 흐른 후 판결을 뒤집는 사례도 있다. 그러나 예수 그리스도의 심판에는 불공정 시비가 불가능할 것이다.

모든 불의가 그분 앞에 숨김없이 명백하게 드러날 것이니 의인과 악인은 단순하고 명백하게 구분될 것이다. 모두가 죄인 곧 악을 행한 자들인데, 그 가운데 그리스도의 대속을 적용받아 의인으로 인정받은 자들만 구별될 것이다. 그리스도인의 참된 믿음도 성령의 증거로 이루어질 것이어서 조금도 혼란스럽지 않을 것이다.

예수 그리스도의 심판은 그리스도인들에게는 공개적인 구원의 완성을 뜻하므로 기쁨과 위안이 될 것이다. 이 세상에서 겪어야 하는 사망과 애통과 우는 것과 아픈 것이 다시 없을 것이기 때문이다. 이 세상에서 믿음 때문에 겪는 고난, 억울함, 슬픔이 없을 것이기 때문이다. 하나님이 함께 계시며 모든 눈물을 닦아 주실 것이기 때문이다(계 21:3-4).

• 심판주로 오실 예수님이 어떻게 느껴집니까?

정리하며

최후의 심판은 하나님의 공의와 영광을 완전히 드러내는 날이며, 우리에게 믿음의 소망을 확증해 주는 사건입니다. 이 심판을 통해 하나님은 죄와 불의를 정리하시고, 그리스도 안에 있는 자들을 구원의 기쁨으로 인도하실 것입니다. 예수님이 심판주로 오실 그날, 모든 의와 악이 명백히 가려지고, 그리스도인은 고통과 슬픔이 없는 새 하늘과 새 땅에서 하나님과 영원히 함께하는 기쁨을 누리게 될 것입니다. 우리는 이 소망을 품고 지금 이 땅에서 믿음과 사랑으로 살아가야 할 것입니다.

한 주간 약속

소그룹에서 서로 토의하여 자유롭게 만들어 봅시다.

예) 그리스도인이지만 최후 심판이 두려운 때와 위안이 된 때를 구별하여 생각해 보고 이야기 나누기.

Lesson 5

성도의 부활과 영생

고린도전서 15:3-9, 51-53

찬양을 드리며: 주가 맡긴 모든 역사(240장), 나 가나안 땅 귀한 성에(246장)

주간 약속 나누기: 한 주간의 약속을 나누고 서로의 모습을 있는 그대로 받아 주세요.

마음열기

사도신경은 "우리는 무엇을 믿는가?" 혹은 "우리가 믿고 있는 내용은 무엇인가?"에 대한 가장 간단하고 구체적인 내용을 담고 있는 신앙고백입니다. 사도신경의 마지막 부분의 이전 번역은 "몸이 다시 사는 것과 영원히 사는 것을 믿사옵나이다. 아멘."이었고, 새로운 번역은 "몸의 부활과 영생을 믿습니다. 아멘."입니다. 예배 시간에 사도신경을 고백할 때마다 각 단어와 문장을 생각하고 동의하면서 마음을 담아 선서하듯 고백하고 있습니까?

- 사도신경 내용에서 고백과 달리 오늘날 신자들이 실제로는 믿지 않는 것처럼 보이는 부분은 무엇입니까?

성경과의 만남

인간을 만드신 하나님은 배역(背逆)하여 타락한 아담에게 "너는 흙이니 흙으로 돌아갈 것이니라"(창 3:19)라고 말씀하셨습니다. 그러나 동시에 은혜언약을 주셔서 자연 생명처럼 죽음으로 존재가 자연 안에서 해체되어 흩어져 무(無)로 돌아가는 것이 아니라 위로부터 주신 생명 곧 하나님과 교제하는 영혼이 은혜언약 안에서 구원을 얻고 몸도 부활로 회복되어 영생 얻는 길을 주셨습니다. 은혜언약의 핵심 부분은 예수님의 십자가 구속과 부활을 통한 구원입니다.

1. 예수님의 부활이 우리에게 어떤 의미가 있습니까? (고전 15:20)

➔ 예수님의 부활은 그리스도인의 부활을 보증하는 첫 열매입니다.

해설 예수님은 십자가 형으로 죽어 장사된 지 사흘 만에 죽음에서 부활하셨다. 사도 바울은 부활하신 예수님이 베드로, 열두 명의 제자, 오백여 명의 형제들, 야고보, 바울에게 나타나 보이셨다고 말했다(고전 15:4-8). 예수님의 부활은 그리스도인의 구원에 어떤 의미가 있을까? 사도 바울은 우리가 믿음으로 그리스도 안에 있으므로 예수님의 부활은 우리 부활을 보증한다고 설명했다. 그래서 바울은 예수님의 부활을 '첫 열매'라고 말했다. 추수에서 첫 열매는 이어지는 전체 열매 추수를 예상하게 한다. 예수님의 부활은 그리스도 안에 있는 우리 모두의 부활을 예상하고 보증한다. 실제적인 부활은 예수님의 재림으로 이루어진다.

대교리문답 제87문답은 부활에 관하여 다음과 같이 설명한다: "우리는 마지막 날, 이미 죽은 의인과 악인 모두에게 일반적 부활이 있을 것을 믿어야 한다. 그때에 살아 남아있는 사람들은 순식간에 변화될 것이다. 그리고 무덤에 있는 죽은 자들의 바로 그 몸이 그때에는 그들의 영혼들과 영원히 다시 합하여 그리스도의 능력으로 일으킴을 받게 될 것이다."

- 나는 예수님이 부활하셨음과 그분처럼 나도 몸으로 부활할 것을 믿습니까?

2. 죽은 자들이 부활할 때 어떤 일이 일어납니까? (고전 15:52)

➔ **죽은 자들은 부활 때 신령한 몸으로 변하여 더 이상 썩지 않는 영광스러운 몸이 될 것입니다.**

해설 그리스도께서 재림하실 때 그리스도인들에게 적용될 몸의 부활에 대하여 사도 바울은 비교적 상세하게 설명하였다. 부활한 몸의 상태는 '신령한 몸'의 상태로 변해 있을 것이다(고전 15:44). 더 이상 피조물인 생명체 일반에 적용되는 자연적 원리와 과정을 따르지 않는 몸이다. 사도 바울의 표현처럼 이 세상 육체가 욕되고 약하고 썩는 물질이라면, 신령한 몸은 대조적으로 영광스럽고 강하고 더 이상 썩지 않는 몸이다. 그럼에도 영이 아니라 몸이다. 대교리문답 제87문답은 "의인의 몸은, 그리스도의 영에 의해, 그리고 그들의 머리이신 그리스도의 부활의 덕택으로 능력 중에 신령하고 썩지 않는 몸으로 일어나서 그리스도의 영광의 몸과 같이 될 것이다"라고 설명한다.

부활한 몸은 분명히 우리의 몸이면서도 다른 사람과의 비교에서 열등감을 느낄 필요가 없는 영광스러운 몸일 것이다. 이런 상태를 우리는 경험해 본 일이 없으므로 설명하는 데 한계가 있다. 단지 부활하신 예수님의 몸으로부터 추론만 할 뿐이다.

- 부활과 영생이 우리에게 위로와 소망이 되는 이유는 무엇입니까?

3. 성경이 말하는 부활 이후 삶은 무엇입니까? (마 25:46)

➔ 성경은 부활 이후 구원받은 자들은 생명을 누리지만 심판받은 자는 영원한 형벌에 처해질 것이라고 말합니다.

해설 그리스도인들은 주님이 재림하실 때 공중에서 주를 영접하며, 영화로운 부활의 몸으로 변화하게 된다(살전 4:14-18). 최후 심판이 종결되면 구원받은 자들은 하나님이 예비하신 새 하늘과 새 땅에서 삼위 하나님의 임재 안에 영원한 생명과 영광과 풍요를 누리게 될 것이다(계 21:1-22:5). 반면, 심판받게 될 자들은 지옥에 던져져서 마귀와 그 사자들과 함께 영원히 꺼지지 않는 불못에서 고통의 형벌을 받을 것이다(막 9:48-49, 눅 16:24, 계 20:15). 예수님은 의인은 영생에 악인은 영벌에 들어갈 것이라고 말씀하셨다(마 25:46).

우리는 미래의 천국과 지옥에 관한 것을 자세히 알지 못한다. 그 이유는 천국과 지옥은 우리의 현재 경험 세계 안에 있는 장소와 상태가 아니기 때문이다. 그럼에도 예수님과 성경은 천국과 지옥을 명확하게 예고한다. 우리는 최후의 심판 이후 누리게 될 영생에서 시간과 영원의 개념을 자세하게 알지 못한다. 그럼에도 예수님은 믿는 자에게 하나님이 주실 영생을 명확하게 예고하셨다(요 3:16). 영원의 시간관념은 현세의 시간으로부터의 지속적 연장이면서도 현세에서 우리가 아는 물리적 시간관념으로 충분하게 설명할 수 없다. 사도 베드로는 "사랑하는 자들아 주께는 하루가 천 년 같고 천 년이 하루 같다는 이 한 가지를 잊지 말라"(벧후 3:8)라고 말했다.

이처럼 성경이 명확하게 알려 주고 있으나 우리가 지금으로서는 상세하게 모르는 것들은 그리스도인들에게 의심보다는 오히려 기대감과 소망을 갖게 만든다. 하나님은 언제나 놀라운 은혜로 우리를 경탄하게 만드시고 찬양하게 하시는 분이기 때문이다.

- 부활과 영생을 믿지 않고 기대하지도 않는 사람들에게 어떤 방법으로 복음을 전할 수 있을까요?

정리하며

예수님의 부활은 믿는 자들에게 첫 열매가 되어 우리의 부활을 보증하며, 장차 우리도 썩지 않는 영광스러운 몸으로 변화될 것을 약속합니다. 부활 이후 구원받은 자들은 새 하늘과 새 땅에서 영원한 생명을 누리게 될 것입니다. 비록 우리가 천국과 영생의 모든 것을 알지는 못하지만, 이는 오히려 하나님의 놀라운 은혜를 기대하게 하는 소망이 됩니다. 이러한 복된 소망은 우리가 세상을 향해 전해야 할 복음의 핵심입니다.

한 주간 약속

소그룹에서 서로 토의하여 자유롭게 만들어 봅시다.

예) 장례식에서 조문할 때 유족을 위로하는 말과 부의 봉투에 쓸 글귀를 만들어 보기.

Lesson 6

천년왕국

요한계시록 20:4

찬양을 드리며: 주 사랑하는 자 다 찬송할 때에(249장), 우리 모든 수고 끝나(236장)

주간 약속 나누기: 한 주간의 약속을 나누고 서로의 모습을 있는 그대로 받아 주세요.

마음열기

요한계시록 20장 4절과 6절을 근거로 성도들이 그리스도의 왕적 통치와 심판에 참여하는 특별한 기간으로 알려진 천년왕국은 성경에 많이 기록되지 않아 비교하여 이해하기 어렵고 상징적 의미도 있어 종말론에서 해석하기 어려운 주제입니다. 그래서 일반교회는 천년왕국을 거의 언급하지 않는 편이며, 이단과 불건전단체들은 마치 자신들만 아는 것처럼 자의적으로 해석하고 있습니다.

- 천년왕국에 대해서 들어본 일이 있습니까? 어떤 사람들에게 들었습니까?

성경과의 만남

'천년설' 해석에서 의견이 다른 부분은 그 '천년기간'(千年期間)이 그리스도의 재림을 중심하여 '재림 전에 있는가, 재림 후에 있는가, 혹은 상징적 의미인가?'로 나뉩니다. 재림이 뒤에 있으면 후천년설, 재림이 앞에 있으면 전천년설, 천년이 상징적 의미이면 무천년설이라 합니다.

1. 장로교회는 어떤 천년설을 수용합니까? (계 20:4)

➔ 장로교회는 일반적으로 무천년설을 수용해 왔습니다.

해설 먼저, 후천년설(後千年說)이다. 후천년설은 그리스도의 재림 전에 천년왕국이 이루어진다고 본다. 후천년설을 받아들이는 사람들은 재림 전에 복음이 점진적으로 온 세계에 전해져 풍부한 영적 시대가 이루어진다고 생각한다. 이 견해는 그리스도의 재림 전에 많은 사람이 복음을 받아들여 그리스도인이 될 것이고, 세상은 정치, 경제, 사회, 문화 등 전반에서 복음과 하나님 나라의 특성을 반영하면서 크게 발전한다는 낙관적인 입장이다. 후천년설은 그리스도인들로 하여금 재림을 기대하며 복음 전도와 하나님 나라의 문화 발전에 힘쓰도록 독려하는 장점을 가지고 있다. 그럼에도 그리스도의 재림 전에 많은 사람이 믿음을 갖게 될 것이라는 주장은 성경 여러 부분의 가르침과 일치하지 않는다(예컨대 살후 2:3-12). 예수님도 "그러나 인자가 올 때에 세상에서 믿음을 보겠느냐?"(눅 18:8)라고 말씀하셨기 때문이다.

이어 전천년설(前千年說)이다. 전천년설은 성경의 관련 부분을 모두 문자적으로 해석한다. 그래서 천년왕국 시기는 재림 직후이고, 장소는 이 세상이다. 먼저 성도들이 부활하고, 또 불신자들이 부활하고, 이스라엘이 회복된다고 본다. 그리스도는 그분의 신부인 교회와 함께 이 세상에서 사람들을 양과 염소 곧 의와 불의, 믿는 자와 믿지 않는 자를 구별하여 정죄하고, 사탄을 결박한 후 지상에 천년왕국을 건설하신다고 말한다. 전천년설을 따르는 사람들은 재림 전에 온 민족의 복음화, 대환난, 대반역과 배도, 개인적인 적그리스도 출현이 있고, 교회는 이 환난을 통과해야 한다고 말한다(유해무, 『개혁교의학』, 621). 전천년설은 극단적 전천년설을 주장하는 세대주의자들과 역사적 전천년설을 주장하는 사람들로 나뉜다. 세대주의자들의 전천년설은 지나친 문자 해석을 시도하여 약점이 많다. 이러한 극단적 문자적 해석의 약점을 극복해 보고자 역사적 전천년설이 등장했다.

마지막으로, 무천년설(無千年說)이다. 성경에서 1,000은 종종 완전한 수를 암시하므로 천 년을 예수님의 초림과 재림 사이의 교회 시대를 상징한다고 본다. 그래서 무천년설을 상징적 천년설이라 칭하기도 한다. 무천년설은 하나님 나라가 다른 중간 상태를 거치지 않고 마지막 날 곧바로 완전하고 영원한 형태의 하나님 나라가 실현된다고 생각한다.

개혁교회와 장로교회는 일반적으로 아우구스티누스, 칼빈과 종교개혁자들의 해석에 따라 무천년설을 수용해 왔다. 무천년설을 지지하는 사람들은 후천년설의 낙관적 주장을 거부한다. 또 모든 것을 문자적으로 받아들여야 한다는 전천년설의 주장도 반대한다. 묵시 문학과 종말 비유, 비유적 표현이 담고 있는 영적이고 상징적인 의미에 집중한다.

- 천년왕국에 대한 견해로서 '후'천년설과 '전'천년설의 전후는 무엇으로 구분됩니까?

2. 천년설과 상관 없이 그리스도인은 어떤 존재입니까? (벧전 2:9)

➔ 그리스도인은 이미 그리스도 안에 있는 왕 같은 제사장이며 그리스도의 사역에 참여하고 있습니다.

해설 3가지의 천년설은 동일한 성경 본문의 해석 차이다. 후천년설은 오순절 이후 주님의 하늘 통치와 성령의 역사로 복음이 온 세상에 전해져서 어둠을 물리치고 세계에 하나님 나라가 충만하게 발전할 것을 예상하는 '승리하는 교회'의 견해이다. 그래서 선교와 문화 명령 수행에서 주도적인 자세와 열심을 촉구한다. 전천년설은 세상의 배교와 권세가 갈수록 강력하므로 그리스도인들과 교회는 핍박과 박해, 큰 환난을 당한다고 보는 '박해받는 교회'의 견해이다. 그래서 그리스도의 재림을 기다리며 깨어 있어야 함을 강조한다.

무천년설은 성경 해석에서 면밀한 신학적 문학적 해석을 강조하고, 종말론의 주요 주제 해석에서도 성경의 전체적 통일성에 유의하도록 요구한다. 그래서 계시록 20장의 몇 구절에만 의존해 핵심 교리를 서술하지 않았고, 성경에 매우 빈번하게 나오고 명백한 가르침인 재림, 부활, 최후 심판, 영생, 하나님 나라에 관한 교리를 종합해 서술한다. 그 결과 웨스트민스터 신앙고백서와 대교리문답, 소교리문답에 천년왕국에 관한 별도의 항목과 설명 부분이 없다. 그럼에도 천년왕국과 천년설에 대한 학습 기회를 구역 모임에서 제시하는 이유는 극단적 전천년설에 근거한 천년왕국에 대한 말을 들을 때 분별력을 갖도록 하기 위함이다.

사도 베드로는 베드로전서 2장 9절에서 천년왕국이라는 특정 기간과 왕국에 관한 구체적 언급 없이, 그리스도인들을 이미 그리스도 안에 있는 하나님의 택하신 족속, 왕 같은 제사장, 거룩한 나라, 하나님의 소유된 백성이라고 했다. 그리스도인은 그리스도 안에서 그리스도의 제사장직, 선지자직, 왕직에 참여하고 있다(하이델베르크 교리문답 제32문답). 사도 베드로는 그리스도의 왕적 통치에 참여하는 사람으로서 그 지위에 부응하는 그리스도인의 사명과 역할을 하나님의 은혜와 하나님 나라의 복음을 전하는 것이라고 요약했다.

- 성경이 반복해 말하는 주장이 아님에도 천년설에 대해 알고 있어야 하는 이유는 무엇일까요?

정리하며

천년설에 대한 해석은 다양하지만, 무천년설이 성경의 전체적 통일성과 신학적 해석을 중요시하는 관점입니다. 천년이라는 기간을 문자 그대로가 아닌 상징적 의미로 해석하여, 예수님의 초림과 재림 사이의 교회 시대를 나타낸다고 봅니다. 이미 그리스도인들은 하나님의 택하신 백성이자 왕 같은 제사장으로서, 현재 그리스도의 사역에 참여하고 있습니다. 그러므로 특정 시기나 기간에 집중하기보다, 그리스도인으로서 하나님 나라의 복음을 전하는 본질적 사명을 수행하는 것이 더 중요합니다.

한 주간 약속

소그룹에서 서로 토의하여 자유롭게 만들어 봅시다.

예) 그리스도인들이 그리스도와 함께 왕적 통치에 참여하고 있다는 말씀을 깊이 생각하며 우리가 해야 할 역할이 무엇인지 생각해 보기.

Lesson 7

새 하늘과 새 땅

요한복음 14:1-7, 요한계시록 21:1-22:5

찬양을 드리며: 내가 늘 의지하는 예수(86장), 보아라 즐거운 우리 집(235장)

주간 약속 나누기: 한 주간의 약속을 나누고 서로의 모습을 있는 그대로 받아 주세요.

마음열기

그리스도인들은 긴 세월 유대인들의 방해와 로마 제국의 박해를 받아 사회활동에서 많은 불이익을 감수했습니다. 그들은 가난했고, 소외당했고, 학대당했습니다. 사악한 황제가 통치할 때는 사회문제의 희생양이 되어 흥분한 군중에게 죽임 당했습니다. 그런 여건에서도 많은 그리스도인은 고난을 인내하면서 믿음을 지켰고, 열심히 복음을 전했습니다. 그리스도인들의 의롭고 선한 삶은 많은 사람에게 깊은 인상을 주었습니다. 복음은 성령의 능력으로 로마 제국 전역과 모든 계층에 이르렀고, 믿는 사람의 수가 빠르게 그리고 지속적으로 증가했습니다.

- 환란과 고난 중에도 그리스도인들이 믿음을 지켜온 힘은 무엇에서 비롯되었을까요?

성경과의 만남

성경 여러 곳이 하나님이 계시고 성도들을 위해 마련하신 천국을 말합니다. 특히 요한계시록은 '새 하늘과 새 땅'을 묵시적 환상으로 생생하게 묘사합니다. 요한계시록은 사도 요한이 네로 황제 시대에 큰 박해로 고난을 겪었던 아시아 일곱 교회에게 보낸 계시의 책입니다. 요한은 자신이 본 환상 내용을 알려 교회들이 고난을 인내하고 끝까지 믿음을 지키도록 권했습니다. 오늘은 성경 말씀으로부터 천국에 관한 계시 내용을 살펴보겠습니다.

1. 예수님께서 제자들에게 어디로 가신다고 말씀하셨습니까? (요 14:2-3)

➔ 예수님은 제자들을 위한 거처를 마련하기 위해 아버지 집으로 가신다고 말씀하셨습니다.

해설 공생애 가운데 예수님은 제자들을 위한 거처를 마련하기 위해 '아버지 집'에 가실 것을 예고하셨고, 거처를 마련한 후 다시 와서 그 거처로 영접하여 거기서 함께 있게 될 것이라 말씀하셨다. 이 거처로 가는 방법은 오직 예수 그리스도를 통해서다(요 14:6). 아주 쉬운 말이었음에도 제자들은 충분히 이해하지 못했다. 그러나 예수님이 부활, 승천하신 이후 모든 것은 분명해졌다. 예수님은 부활 후 승천하여 제자들을 떠나실 때 다시 오실 것을 예고하였고, 이후 영원히 하늘의 거처에 함께 있겠다고 하셨다.

제자들에게 말씀하신 하나님의 집, 거처는 제자들만 아니라 예수님을 믿어 구원 얻는 모든 사람을 위한 것이다. 왜냐하면 요한복음 3장 16절에서 "그를 믿는 자마다" 영생을 얻을 것이라고 말씀하셨기 때문이다. 또 요한복음 20장 31절에서 요한복음의 기록 목적이 이 복음서를 읽고 듣는 사람들이 예수님이 하나님의 아들 그리스도이심을 믿도록 하려는 것이고, 믿고 그 이름을 힘입어 생명을 얻게 하려는 것이라고 밝혔기 때문이다.

- 불신자들이 천국을 믿지 않는다고 말하면서도 죽은 자를 슬퍼할 때 천국이라는 말로 위로하곤 합니다. 문학적 표현으로 하늘의 별이 되었다거나, 새가 되어 날아갔다거나, 꽃씨처럼 흩날려갔다고 말하기도 합니다. 이런 표현에 대해 어떤 생각이 듭니까?

2. 요한계시록에 아름답고 화려하게 묘사된 것은 무엇입니까? (계 21:1)

➔ 새 하늘과 새 땅과 새 예루살렘 성입니다.

해설 요한계시록 21장에 거룩한 새 예루살렘 성이 아름답고 화려하게 묘사되어 있다. 거룩한 성은 정방형의 놀라운 건축물로 12개의 문이 있었고, 건축 소재는 모두 값비싼 보석들 같다. 건물

주변에 맑은 생명수가 넉넉히 흐르는 강이 있었고, 강 주위에는 여러 종류의 식물과 생명 과수로 가득하다. 생명수와 생명 과수의 많은 열매는 생명과 풍요를 보장해 준다. 하늘로부터는 해와 달의 자연 채광 대신 하나님 임재의 영광과 그리스도의 빛으로 빛난다.

물론 새 예루살렘 성의 실제 모습은 우리의 경험 세계를 넘어서는 것이어서 충분하게 설명할 수 없다. 그래서 새 예루살렘 성에 대한 요한의 설명은 '같더라'(21:2, 18), '같이'(21:11), '같은'(21:21)이라는 표현을 사용할 수밖에 없었고, 상징적 의미를 담을 수밖에 없었다. 그럼에도 우리가 장차 거룩한 성에 있을 때, 요한의 서술에 공감하게 될 것이다.

- 새 예루살렘 성에 대한 요한의 묘사 중 가장 눈길을 끄는 것은 무엇입니까?

3. 천국이 천국인 이유는 무엇입니까? (계 21:3-4)

➔ 천국에 하나님의 충만하고 친밀한 임재가 있기 때문입니다.

해설 천국이 천국인 이유는 하나님의 충만하고 친밀한 임재(臨在)가 있기 때문이다. 거룩한 성에는 생명의 하나님의 임재 때문에, 세상에 많았던 비참한 일들 곧 사망, 애통함, 곡함, 질병이 더 이상 없다. 그 대신 깊이 새겨진 슬픔과 고통을 회복시키는 위안이 가득하다. 거룩한 성에는 거룩한 하나님의 임재 때문에, 세상에 많았던 속된 것들 곧 더러운 일, 가증한 일, 거짓말, 불신, 음행, 점술, 우상숭배, 저주, 밤이 더 이상 없다. 거룩한 성에는 정의로우신 하나님의 임재 때문에, 세상에 많았던 불의한 폭력과 압제에 관련된 것들 곧 불안과 공포, 흉악범, 살인자도 더 이상 없다. 하나님과 그리스도와 성령의 충만하고 친밀한 임재가 모든 것을 안식과 행복과 기쁨과 평안으로 바꾸어 놓는다.

거룩한 성은 하나님 나라의 완성된 모습을 보여준다. 하나님의 임재와 통치를 뜻하는 하나님 나라는 성육신하신 그리스도께서 오시면서 그분과 함께 이 세상에서도 부분적으로 경험될 수 있는 일이 되었다. 성령님의 충만한 임재로 우리의 영은 부분적이지만 종종 천국을 경험한다. 가정과 교회가 그 현장이다. 그러나 마침내 예수님의 재림으로 완성되는 천국에서 우리는 하나님의 충만하고 친밀한 임재가 주는 충만한 평안과 행복을 누릴 것이다.

하나님의 임재와 천국은 그리스도인들이 고난을 인내하면서 끝까지 믿음의 삶을 살아가는 이유이고 바라는 소망의 목적지다.

• 천국이 어떤 곳이면 좋겠습니까?

정리하며

천국은 하나님의 충만하고 친밀한 임재가 있는 곳으로, 예수님께서 믿는 자들을 위해 마련하신 영원한 거처입니다. 요한계시록에 묘사된 새 하늘과 새 땅, 새 예루살렘 성에서는 더 이상 사망과 슬픔, 고통이 없으며, 하나님의 영광과 그리스도의 빛으로 가득합니다. 이러한 천국은 현재 우리가 성령을 통해 부분적으로 경험할 수 있지만, 예수님의 재림으로 완성될 것입니다. 이러한 천국은 그리스도인들에게 현재의 고난을 인내하며 믿음의 삶을 살아가게 하는 소망이 됩니다.

한 주간 약속

소그룹에서 서로 토의하여 자유롭게 만들어 봅시다.

예) 부자와 나사로의 비유(눅 16:19-31)를 읽고 느낀 점을 나누어 봅시다.

Lesson 8

마지막 시대를 살아가는 성도들

디모데후서 4:1-5, 요한계시록 22:20

찬양을 드리며: 주 예수의 강림이(179장), 신랑 되신 예수께서(175장)

주간 약속 나누기: 한 주간의 약속을 나누고 서로의 모습을 있는 그대로 받아 주세요.

마음열기

기독교 복음이 먼저 전파되고 교회가 세워진 서구 사회는 오늘날에 이르러서는 오히려 복음을 들을 가치가 없는 것이라 생각합니다. 불신앙적 세속사회가 되었습니다. 하지만 이런 모습은 새롭지 않습니다. 예수님 당시에도 그랬습니다. 예수님이 복음과 하나님 나라를 전했으나 사람들이 듣지 않았습니다. 노아 시대로 거슬러 올라가도 똑같습니다. 노아가 심판을 기다리며 방주를 만들고 들어갈 때까지 사람들은 노아의 말과 행동에 관심을 기울이지 않았습니다.

- 사람들은 왜 복음 전도와 선교에 냉소적인 반응을 보일까요? 냉소적인 반응을 경험해 본 일이 있다면 말해 보세요.

성경과의 만남

인간은 누구나 개별 주체로서 주관을 가지고 있습니다. 이를 '세계관'이나 '인생관'이라 말합니다. 세계관과 인생관은 주관적 신념이면서도 가족과 집단 안에서 형성되는 공동적 신념입니다. 세계관과 인생관이 다르면 친밀한 교제를 나누기 어렵습니다. 세계관과 인생관의 주요 부분인 종교와 정치 이념의 차이는 편견, 갈등, 대립을 만들기도 합니다.

1. 기독교 세계관이란 무엇입니까? (시 1:1-2)

➔ 하나님 말씀을 삶의 기준으로 여기며 살아가는 것으로 기독교 세계관은 세속적 세계관과 조화를 이룰 수 없습니다.

해설 그리스도인은 삼위 하나님을 섬기는 사람이다. 하나님 말씀을 삶의 기준으로 여기며 살아간다. 이런 특징을 '기독교 세계관'이라 부른다. 기독교 세계관은 세속적 세계관과 조화를 이룰 수 없다. 그래서 그리스도인은 동일한 현세에 동일한 사회 안에 함께 일하고 살면서도 불신자들과 근본적 차원에서 구별된 목표, 구별된 특성, 구별된 삶을 추구한다.

시편 1편은 하나님 나라 백성이 악인과 구별된다고 선언한다. 그 구별된 특성은 특히 하나님의 말씀을 대하고 활용하는 삶에서 뚜렷하게 드러난다고 했다. 사도 바울도 로마서 12장 1-2절에서 이 세대를 본받지 말고 마음으로부터 구별되어 하나님의 뜻을 깨닫고 그 뜻을 행하라고 가르쳤다. 더 나아가 구별된 자기 삶과 몸을 하나님께 드리라고 했다.

불신앙적인 세상과 문화로부터 구별되는 것을 두려워하지 말아야 하겠다. 세상과 구별된 삶을 살아가는 사람이 복 있는 사람이기 때문이다. 하나님은 그 사람들의 삶을 굳게 세우시고 형통하게 하실 것이다(시 1:3).

• 불신자들과 함께 살면서도 구별된 삶을 살아가는 요긴한 경험적 지혜가 있나요? 함께 나누어 봅시다.

2. 그리스도인은 어떤 자세로 마지막 때를 살아갑니까? (계 22:20)

➔ 그리스도인은 인내하고 대망하면서 살아갑니다.

해설 심판에 가까운 마지막 때는 하나님을 배역함과 하나님 말씀을 무시하는 성향이 현저한 시기다. 오늘날은 하나님의 존재를 부정하는 유물론적 자연주의와 기독교를 적대시하는 종교와 정치 및 사회 이념의 영향이 큰 시기다. 외부에서 성경의 가르침에 대한 신뢰를 무너뜨리고, 성경의 가르침을 정면으로 부정하는 주장과 여론이 대세를 이룬다. 내부에서도 어려움이 생긴다. 가족과 교회 등 기독교 공동체 안에서도 신앙생활에서 점점 멀어지는 사람, 세속과 타협하는 사람, 신앙을 포기하고 오히려 기독교 공동체를 공격하는 변절자들이 등장한다. 신앙생활이 격려받지 못하고 비판받으므로 신앙을 드러내고 유지하는 일을 포기한다.

그래서 예수님은 "끝까지 견디는 자는 구원을 얻으리라"(마 24:13)라고 말씀하셨다. '인내'는 성경이 성도에게 자주 반복해 요구한 것이다(히 10:36, 계 14:12). 인내는 마지막 때를 살아가는 성도의 특성이다. 고난이 크고 길어질수록 인내하기 어렵다. 그래서 주님을 대망하고 인내할 수 있도록 서로 격려하는 성도의 교제가 필요하다. 그리스도께서는 사도 요한을 통해 교회에 요한계시록을 주셔서 마지막 심판과 구원의 계시로 확신을 갖게 하셨고, "내가 진실로 속히 오리라"고 다짐하심으로써 격려하셨다. 주님의 재림을 대망하면서 "아멘 주 예수여 오시옵소서"라는 요한의 응답이 마지막 때를 살아가는 그리스도인들의 기도가 된다.

- 마지막 때를 살아가는 동안 내가 항상 품을 기도제목은 무엇입니까?

3. 말세에 그리스도인이 더욱 힘써야 할 일은 무엇입니까? (딤후 4:1-2)

➔ 말세에도 때를 얻든지 못 얻든지 복음 전파에 힘써야 합니다.

해설 사도 바울은 디모데에게 보낸 두 번째 편지에서 마지막 때를 사는 사람들의 성향과 세속적인 종교 생활을 구체적으로 서술했다(딤후 3:1-8). 그리고 디모데를 하나님과 종말의 최후 심판을 집행하실 그리스도 앞에 있는 것처럼 세워 엄숙하게 다음과 같이 명령했다: "너는 말씀을 전파하라 때를 얻든지 못 얻든지 항상 힘쓰라"(딤후 4:2). 사도 바울이 설명한 종말시대 사람들의 성향과 경건의 특성은 현대인들의 성향 및 경건과 너무 흡사하다. 복음에 관심이 없고, 복음을 잘 이해하지도 못하고, 복음을 신뢰하지도 않는다. 그럼에도 복음은 전해져야 한다. 부활하신 예수님이 주신 지상명령이며(마 28:19-20) 성령님께서 우리를 복음의 증인으로 세우시기 때문이다(행 1:8). 또한 하나님의 심판이 가깝기 때문이다.

지리적으로 이미 땅 끝까지 복음이 전해졌다. 그런데 먼저 교회가 세워졌던 서구사회의 새로운 세대는 교회를 떠났다. 이제 선교하던 서구 나라들이 선교지가 되었다. 최근 들어 한국교회도 그런 위기를 맞이하고 있다. 그러므로 우리는 "때를 얻든지 못 얻든지"(딤후 4:2), 그리고 우리의 "소망에 관한 이유를 묻는 자에게 언제든지"(벧전 3:15) 복음을 전할 수 있어야 하겠다.

- 6단원 '종말과 하나님 나라' 전체 공부에서 마음에 깊이 남아 있는 교훈이 있나요? 함께 나누어 봅시다.

정리하며

마지막 때를 살아가는 그리스도인은 믿음의 인내와 함께 주님의 재림을 대망하는 자세가 필요합니다. 비록 현대 사회에서 신앙생활이 점점 어려워지고 있지만, 그리스도인은 "때를 얻든지 못 얻든지" 복음 전파에 힘써야 합니다. 이는 부활하신 예수님의 지상 명령이며, 성령님께서 우리를 복음의 증인으로 세우셨기 때문입니다. 이러한 사명을 깨닫고 실천하는 삶이 마지막 때를 사는 그리스도인의 바른 자세입니다.

한 주간 약속

소그룹에서 서로 토의하여 자유롭게 만들어 봅시다.

예) 1년 동안 계속된 구역모임 활동 중 자신에게 특별히 유익했던 것이 있었습니까? 함께 나누어 봅시다.

7단원
절기 공과

부활절 그가 누우셨던 곳을 보라
성령강림절 내 이름으로 부내실 성령
감사절 범사에 감사하라
성탄절 큰 기쁨의 좋은 소식

교회에서 지키는 절기는 성경과 교회 역사 가운데서 유래되었습니다. 예를 들어 부활절, 성탄절은 성경에서 비롯되었고, 하반기에 지키는 추수감사절이나 종교개혁 기념일은 교회 역사에서 비롯되었습니다. 특별히 본 교재에서는 부활절, 성령강림절, 감사절, 성탄절에 나눌 수 있는 내용을 구성했습니다. 각 절기마다 지니는 의미를 잘 깨닫고 또한 가르침을 직접 순종하는 유익한 시간되기 바랍니다.

부활절

그가 누우셨던 곳을 보라

마태복음 28:1-10

찬양을 드리며: 무덤에 머물러(160장), 즐겁도다 이 날(167장)

주간 약속 나누기: 한 주간의 약속을 나누고 서로의 모습을 있는 그대로 받아 주세요.

마음열기

찬송가 160장 <무덤에 머물러>는 부활하신 예수님을 찬송하는 곡입니다. 특별히 이 곡은 무덤을 죽음과 원수로 묘사합니다. 그 누구도 무덤에 묻힌 이상 스스로 무덤을 헤치고 나올 수 없습니다. 죽음의 권세가 그토록 강력합니다. 그러나 예수님은 잠시간 무덤에 머무르셨을 뿐 새벽이 지나자 다시 일어나셨습니다. 무덤을 막고 지키는 돌과 병사는 헛된 수고를 할 뿐이었습니다. 더 놀랍고 감사한 일은 부활하신 예수님이 우리도 무덤에서 일으켜 주신다는 점입니다. 예수님의 부활이 우리의 참된 소망입니다.

• 예수님의 부활이 내게 참 소망입니까?

성경과의 만남

<무덤에 머물러> 찬송 가사는 성경 내용을 잘 반영하고 있습니다. 마태, 마가, 누가, 요한복음 모두가 예수님의 부활을 증언합니다. 특별히 오늘은 마태복음에 기록된 예수님의 부활 장면을 살펴보고자 합니다. 과학과 기술이 발전하고 이성주의와 무신론이 판을 치는 시대에 부활 신앙은 점점 자리를 잃는 것 같습니다. 그러나 이런 시기일수록 기초를 분명히 다져야 합니다. 성경이 부활에 대해 무엇을 말하는지 보아야 합니다. 부활 신앙을 위협하는 이 시대에 부활에 대한 성경 기록을 잘 보고 확신하기 바랍니다.

1. 예수님의 무덤을 방문한 여인들은 무엇을 보았습니까? (마 28:6)

➜ 여인들은 빈 무덤을 보았습니다.

해설 여인들은 그들이 사랑하던 예수님의 시신이 무덤에 잘 누워 있는지 확인하고자 했다. 그러나 그들이 뜻밖의 일을 만났다. 무덤을 막던 돌은 굴려져 있고 무덤은 비어 있었다. 그곳에는 신비로운 천사만 있었다. 하지만 더 놀라운 사실은 그 천사가 전해 준 소식이었다. 예수님이 무덤에 누워 계시지 않고 그가 하신 말씀대로 살아나셨다는 소식이다. 천사는 그 증거로서 잠시 그가 누우셨으나 이제는 텅 빈 자리를 보라고 했다. 예수님은 생전에 죽었다가 다시 살아나실 것을 예언하셨다(마 16:21-28 등). 그리고 참으로 예수님이 부활하셨다. 빈 무덤이 그 증거이며 빈 무덤을 본 여인들이 그 증인이었다.

• 말씀대로 살아나신 예수님이 내게 어떤 위로와 힘이 됩니까?

2. 부활하신 예수님을 만난 여인들의 반응은 무엇이었습니까? (마 28:9)

➔ 부활하신 예수님 앞에 엎드려 예배했습니다.

해설 천사는 여인들에게 빈 무덤에 계속 머물지 말고 얼른 돌아가라고 말했다. 제자들에게 가서 "그가 죽은 자 가운데서 살아나셨다", "너희보다 먼저 갈릴리로 가시니 너희가 그곳에서 예수님을 볼 것이다."라는 말을 전하라 했다(마 28:7). 천사의 말을 들은 여인들은 무서움과 큰 기쁨이 섞인 복잡한 마음으로 무덤을 떠나 제자들에게로 달려갔다. 그런데 그 순간 예수님이 그들을 만나러 오셨다. "너희가 평안하냐?"라고 물으시며 평화와 위로를 전하셨다. 부활한 예수님을 처음으로 만난 여인들은 어떻게 했을까? 바로 엎드려 예수님 발을 붙잡고 경배했다고 한다. 바꾸어 말하면 예배했다는 뜻이다. 부활하신 예수님은 예배 받기에 합당하신 분이다. 우리가 예배하는 분은 부활하신 예수님이며, 예수님을 예배함은 부활을 믿고 고백한다는 의미다.

- 나는 어떤 마음과 태도로 예배에 참여하고 있습니까? 부활하신 예수님을 향한 고백과 부활에 대한 기대를 품고 예배합니까?

3. 부활하신 예수님께서 여인들에게 주신 사명은 무엇입니까? (마 28:10)

➔ 예수님께서 부활하셨다는 소식을 전하라고 명령하셨습니다.

해설 두려움과 기쁨이 공존하던 여인들에게 평안을 전하셨던 예수님이 다시금 "무서워하지 말라"라고 말씀하셨다. 그리고 이어 내 형제들, 곧 제자들에게 가서 "갈릴리로 가서 예수님을 맞으라"라는 예수님의 말씀을 전하라고 하셨다. 갈릴리로 가라는 말씀은 천사가 전한 말인데, 부활하신 예수님께서 친히 나타나셔서 한 번 더 말씀해 주셨다. 부활하신 예수님은 첫 증인 여인들에게 평안을 전하신 것에 더해 사명도 주셨다. 부활하신 소식을 선하라는 사명이다. 이 사명은 이후 갈릴리 어느 산에서 만난 제자들에게 동일하게 주어졌다(마 28:18-20). 뿐만 아니라 예수님의 부활을 믿는 오늘 우리에게도 동일하게 주어졌다. 부활 소식 전파는 우리 모두의 사명이다.

- 부활 소식을 전하는 것이 때로는 어렵게 느껴집니다. 어떻게 어려움을 극복하고 부활 소식을 전할 수 있을까요?

4. 교리문답은 부활에 대해 무엇을 알려 줍니까?

➔ 교리문답은 부활 직후 무슨 일이 일어나는지 알려 줍니다.

해설 교리문답은 죽음 이후에 맞이할 일을 말하는 중에 부활 직후에 무슨 일이 일어나는지 알려 준다. 예수님께서 재림하신 후에 모든 죽은 자들이 몸으로 일어날 것이다. 의인은 성령님의 능력으로, 악인은 그리스도의 능력으로 부활할 것이다(대교리문답 제87문답). 이에 따르면 예수님을 믿지 않는 자들도 죽음 이후에 몸으로 부활한다. 그러나 부활 이후에 천사들과 사람들에 대한 최후 심판이 있다. 악인도 부활하나 최후 심판을 통해 그들이 행한 악을 따라 정죄 받을 것이다(대교리문답 제89문답). 그러나 의인은 공개적으로 무죄 선언을 받으며 삼위 하나님을 대면하고 영원토록 충만한 교제를 누리게 될 것이다. 그러므로 부활은 의인에게 큰 소망이 된다.

- 악인도 몸으로 부활한다는 말이 어떻게 다가옵니까?

정리하기

슬픈 마음으로 예수님이 누우신 곳을 방문한 여인들은 그 무덤이 빈 무덤이 된 것을 보았습니다. 더 나아가 부활하신 예수님을 만나고 그분을 경배하며 부활을 전하라는 사명까지 받았습니다. 이처럼 성경은 분명히 예수님의 부활을 증거하고 있습니다. 예수님의 부활을 확신하고 이 놀라운 소식을 주위에 전하기 바랍니다.

한 주간 약속

소그룹에서 서로 토의하여 자유롭게 만들어 봅시다.

예) 부활의 소식을 전할 사람을 정해 기도하고 전하기.

성령강림절

내 이름으로 보내실 성령

요한복음 14:25-29

찬양을 드리며: 성령이여 강림하사(190장), 성령이여 우리 찬송 부를 때(195장)

주간 약속 나누기: 한 주간의 약속을 나누고 서로의 모습을 있는 그대로 받아 주세요.

마음열기

한 때 소위 '성령집회' '은사집회'라 이름 붙은 행사가 범람했던 적이 있었습니다. 이제는 사그라졌나 싶더니 유튜브를 비롯해 온라인으로 현장을 옮겨 성행하고 있습니다. 성령님에 대한 잘못된 가르침과 오해가 여전합니다. 이럴 때일수록 성경에서 성령님을 어떻게 증거하고 고백하는지 잘 살펴야 합니다. 내가 체험하고 아는 성령님이 아니라 성경 말씀에 근거한 성령님을 믿고 고백해야 합니다.

• 내가 알거나 들은 성령님에 대한 오해는 무엇입니까?

성경과의 만남

보혜사이신 예수님께서(요 14:16) 이제 곧 제자들을 떠나 십자가에서 죽으시고 더 나아가 부활하시고 승천하실 것입니다. 그러나 예수님은 제자들을 고아처럼 버려두지 않으신다고 말씀하셨습니다(요 14:18). 또 다른 보혜사로 성령님께서 오셔서 제자들과 함께하실 것이기 때문입니다. 그렇다면 과연 예수님이 가시고 우리에게 보내실 성령님은 어떤 분일까요? 오늘은 예수님이 성령님에 대해 친히 소개하시는 내용을 살펴보고자 합니다. 성경이 증언하는 대로 성령님을 알고 믿기 바랍니다.

1. 성령님은 무엇을 깨닫고 생각나게 하시는 분입니까? (요 14:26)

➔ 성령님은 예수님이 가르치시고 말씀하신 것을 생각나게 하십니다.

해설 '보혜사(保惠師)'는 헬라어 '파라클레이토스'의 번역 표현이다. 이 단어는 변호자, 위로자, 권면자, 조력자, 상담자 등의 뜻으로 우리말 중 한 단어로 번역하기란 좀처럼 쉽지 않다. 그럼에도 주목할 부분은 예수님이 말씀하신 것처럼, 성령님께서 예수님이 가르치시고 말하신 것을 생각나게 하신다는 점이다. 이는 예수님의 말씀을 단지 기억하고 떠올리는 것뿐만 아니라 진리의 말씀을 깨닫게 하시는 것으로 이해할 수 있다. 비록 예수님께서 육신으로는 제자들을 떠나셨지만 함께하시는 성령님이 말씀을 깨닫게 하심으로 영원히 함께하신다. 이처럼 성령님께서는 말씀을 깨닫고 생각나게 하시는 분이다.

- 성령님의 깨닫게 하시는 역사를 더 경험하기 위해 우리는 어떤 노력을 할 수 있을까요?

2. 성령님이 주시는 평안은 어떤 평안입니까? (요 14:27)

➔ 성령님은 세상이 주는 평안과 다른 평안을 주십니다.

해설 당시 유대 땅을 지배하던 로마 제국은 '로마에 의한 평화(Pax Romana)'를 선전했다. 로마 제국에 지배당할 때 평화를 얻을 수 있다는 주장이었다. 하지만 세상 나라는 잠시 안위를 줄 수 있을지언정 참된 평화는 줄 수 없다. 진정한 평화는 자기 몸을 드려 사랑으로 섬기신 예수님만 주실 수 있다. 예수님은 친히 이루신 참된 평화를 성령님을 통해 우리에게 주신다. 성령님은 예수님이 이루신 평화를 깨닫게 하고 실제로 적용시키신다. 성령님께서 우리 가운데 있는 헛된 근심을 종식시키시고 영원한 기쁨을 샘솟게 하신다. 악한 마귀가 짓누르는 상황에서도 성령님께서 해방과 자유를 주심으로 평화를 누리게 하신다. 정신없이 분주한 세상 가운데서 성령님께서 평화에서 비롯된 위로와 여유를 갖게 하신다.

- 어려운 상황 속에서도 성령님이 주시는 평안을 경험한 적이 있다면 나눠 봅시다.

3. 성령님은 무엇을 기뻐하게 하시는 분입니까? (요 14:28)

➔ 성령님은 승천과 재림을 기뻐하게 하는 분입니다

해설 잡히시기 전 예수님은 제자들에게 가신다는 말씀을 자주 하셨다. 이는 승천을 뜻한다. 그러나 영영 가시는 건 아니고 다시 온다는 말씀도 하셨다. 이는 재림을 뜻한다. 당시 제자들로서는 예수님이 떠나신다는 말씀이 크게 두려웠을 것이다. 그러나 성령님이 임하신 후로는 참으로 예수님의 가심을 기뻐하게 되었다. 가신 예수님이 보내신 성령님을 만나게 되었기 때문이다. 또 다시 오겠다는 예수님의 말씀을 확신하게 되었기 때문이다. 만일 예수님의 승천과 재림을 확신하고 기대한다면 성령님이 함께하신다는 증거다.

- 성령님의 인도를 따라 예수님의 승천과 재림을 기뻐하고 있습니까? 승천과 재림이 기쁨이 되었던 경험이 있다면 나눠 봅시다.

4. 교리문답은 성령님에 대해 무엇을 알려 줍니까?

➔ 교리문답은 우리가 기도할 때 성령님께서 도와주신다는 점을 알려 줍니다.

해설 대교리문답은 우리가 기도할 때 성령님께서 도와주신다는 점을 알려 준다. 성경이 말하는 대로 하나님께서 우리 기도에 응답해 주시니 우리는 쉬지 말고 기도해야 한다. 그런데 때로는 우리가 기도할 바를 알지 못할 때가 있다. 그럴 때 성령님께서 우리의 연약함을 도우신다. 누구를 위해, 무엇을, 어떻게 기도해야 할지를 구체적으로 깨닫게 하신다. 때로는 나약해져서 기도하기를 그치고 싶을 때가 있다. 그때 성령님께서 기도의 의무를 올바르게 이행하도록 깨달음과 열정과 은혜를 불러일으키신다. 이처럼 성령님께서는 예수님이 하신 말씀을 깨닫게 하시고 믿음을 주시고 기뻐하게 하시면서 또한 기도하도록 힘과 지혜를 주신다. 이런 성령님이 함께하시니 우리는 감사할 따름이다.

- 성령님의 도움으로 기도했던 경험이 있습니까?

정리하기

성령님에 대해 막연한 생각이 들 때가 많습니다. 그러나 성경은 성령님이 어떤 분이신지를 분명히 전합니다. 성령님은 예수님의 말씀을 생각나게 하시는 분입니다. 성령님의 도움 없이는 말씀을 깨닫지도, 믿지도 못할 것입니다. 또한 성령님은 세상이 줄 수 없는 평안을 주시는 분입니다. 성령님을 의지할 때 평화를 누립니다. 마지막으로 성령님은 예수님의 승천과 재림을 확신하고 기뻐하게 하시는 분입니다. 성령님이 아니고서는 예수님을 제대로 믿지 못했을 것입니다.

한 주간 약속

소그룹에서 서로 토의하여 자유롭게 만들어 봅시다.

예) 성령 충만을 위해 기도하기, 매일 정기적인 시간에 기도하기.

추수감사절

범사에 감사하라

데살로니가전서 5:18

찬양을 드리며: 넓은 들에 익은 곡식(589장), 산마다 불이 탄다 고운 단풍에(592장)

주간 약속 나누기: 한 주간의 약속을 나누고 서로의 모습을 있는 그대로 받아 주세요.

마음열기

어느 심리학자 팀이 진행한 감사 일기 실험은 감사가 지닌 놀라운 힘을 잘 보여줍니다. 한 그룹은 감사 일기를 쓰게 했고 다른 그룹은 일반 일기를 쓰게 했습니다. 그리고 자가 진단 검사를 통해 행복감과 삶의 만족도를 확인했습니다. 놀랍게도 감사 일기를 쓴 그룹이 그렇지 않은 그룹보다 행복감은 높았고 스트레스와 불안 지수는 낮았습니다. 이처럼 감사는 놀라운 힘이 있습니다. 그런데 아십니까? 항상 감사할 수 있는 사람이 바로 우리 그리스도인입니다.

• 나는 매일 얼마나 하나님께 감사하고 있습니까?

성경과의 만남

때로는 하나님께 드리는 감사 제목이 궁색하게 느껴지거나, 나 중심으로 감사드리는 건 아닌지 조심스러울 때가 있습니다. 이럴 때 성경에서는 무엇으로 하나님께 감사하는지 살펴보면 좋습니다. "범사에 감사하라." 데살로니가전서 5장 18절은 아마도 감사에 대한 성경 구절 중 가장 알려진 구절일 것입니다. 바울은 여러 가지 감사 제목으로 하나님을 찬양하고 감사드렸습니다. 바울이 데살로니가전서에 쓴 감사 제목을 따라 우리도 감사할 수 있기를 바랍니다.

1. 바울이 하나님께 감사한 이유는 무엇입니까? (살전 1:9)

➔ 데살로니가 교회가 참되신 하나님을 섬겼기 때문입니다.

해설 하나님의 인도하심으로 바울과 그 일행은 데살로니가에 있는 유대인의 회당에서 말씀을 가르쳤다. 놀랍게도 경건한 헬라인의 큰 무리와 적지 않은 귀부인이 바울의 말씀을 듣고 따랐다(행 17:4). 그렇게 이방인 도시인 데살로니가에 교회가 세워졌다. 이방인들은 하나님을 모르던 자들이다. 하나님이 명하신 거룩한 행실과는 전혀 거리가 먼 사람들이다. 그런데 말씀을 듣고 참되신 하나님께로 돌이키게 되었다. 하나님을 예배하고 섬기게 되었다. 바울은 이 사실을 두고 크게 감사했다. 우리에게 그 무엇보다 큰 감사, 제일 감사거리가 바로 참되신 하나님을 섬기게 된 것이다.

• 우리 삶에서 '우상들'은 무엇일까요? 이것들을 버리고 하나님만 섬기는 것이 왜 감사거리가 될까요?

2. 바울이 하나님께 감사한 이유는 무엇입니까? (살전 3:3)

➔ 하나님께서 데살로니가 교회를 보호해 주셨기 때문입니다.

해설 바울이 데살로니가에 교회를 세우고 섬길 때 유대인들의 시기를 받았다. 불량한 사람을 동원해 성을 소동하니 바울과 일행은 멀리 떠날 수밖에 없었다(행 17:5). 바울은 자기가 떠난 뒤 큰 환난으로 인해 연약한 이방인 교회가 무너지지 않을까 염려했다. 그러나 데살로니가 교회는 무너지지 않았다. 하나님의 도우심으로 흔들리지 않고 든든히 섰다. 그로 인해 바울은 하나님께 감사했다(살전 3:9). 성도와 교회가 환난을 만난다. 때로는 크게 흔들리기도 한다. 그러나 데살로니가 교회와 성도를 하나님께서 지키셨듯이 우리도 반드시 지키실 것이다.

• 어려운 상황 속에서도 흔들리지 않는 믿음을 갖는 것이 왜 중요할까요? 이것이 어떻게 감사의 이유가 될 수 있을까요?

3. 바울이 하나님께 감사한 이유는 무엇입니까? (살전 4:17)

➔ 항상 주와 함께 있음을 기대하기 때문입니다.

해설 데살로니가 교회는 재림에 대해 궁금한 점이 있었다. 바울은 소망 없는 자처럼 슬퍼하지 않게 하고자 재림 때 일어날 일을 설명해 주었다(살전 4:13). 주께서 하늘로부터 강림하실 때 그리스도 안에서 죽은 자들이 먼저 일어나고 이어서 살아남은 자와 함께 하늘로 올려져 주님을 맞이할 것이라고 한다. 그 후로 항상 주와 함께 있을 것이다. 바울은 이러한 말로 서로 위로하라고 한다. 바울의 말을 소망을 주신 하나님께 감사하라는 말로 받을 수 있다. 이 땅의 삶이 전부가 아니고, 주의 강림으로 끝나는 것도 아니다. 항상 주와 함께하는 새로운 삶이 기다리고 있다. 이러한 소망을 품게 하시니 하나님께 감사할 수밖에 없다.

- 주님의 재림과 영원한 삶에 대한 소망이 어떻게 하면 일상적인 감사로 이어질 수 있을까요?

4. 교리문답은 감사에 대해 무엇을 알려 줍니까?

➔ 교리문답은 그리스도인의 순종이 감사 표현임을 알려 줍니다.

해설 대교리문답은 그리스도인이 된 사람들에게 도덕법으로서 역할을 하는 십계명을 알려 준다. 그리스도인에게 십계명은 더 이상 정죄의 도구가 아니라 유익하게 작용한다. 그 유용함으로는 은혜언약을 따라 도덕법을 이루신 그리스도와 깊이 연결되어 있음을 깨닫게 하는 것이다. 그래서 그리스도인은 예수님께 더 많이 감사하게 된다. 뿐만 아니라 순종의 법칙인 도덕법을 신중히 따름으로 감사를 표현할 수 있다. 삼위 하나님을 향한 감사를 예배, 찬양, 찬송, 기도, 헌금 등 여러 가지로 표현할 수 있다. 그런데 대교리문답은 순종도 감사의 표현임을 잘 알려 준다. 하나님은 진심 없는 미사여구나 제물보다 순종을 더 기뻐하신다(삼상 15:22).

• 나는 무엇으로 감사를 표현하고 있습니까?

정리하기

바울은 하나님께 넘치는 감사를 드렸습니다. 헛된 우상을 섬기던 삶에서 참되신 하나님을 섬기는 삶으로 변화시키셨으니 감사할 따름이었습니다. 또 교회가 흔들리는 위기였지만 하나님의 지키심을 받았으니 크게 감사했습니다. 마지막으로 지금부터 죽어서까지 영원히 주와 함께하니 감사할 수밖에 없었습니다. 이렇게 우리도 주께 드리는 감사가 넘치기를 바랍니다.

한 주간 약속

소그룹에서 서로 토의하여 자유롭게 만들어 봅시다.

예) 하루에 감사 서른 번 이상 하기, 매일 다섯 명 이상에게 감사하다고 말하기.

성탄절

큰 기쁨의 좋은 소식

누가복음 2:8-20

찬양을 드리며: 기쁘다 구주 오셨네(115장), 참 반가운 성도여(122장)

주간 약속 나누기: 한 주간의 약속을 나누고 서로의 모습을 있는 그대로 받아 주세요.

마음열기

미국의 소설가 업튼 싱클레어는 1927년에 출간한 책에서 이런 말을 합니다. '이 날에는 사탄이 수억 명의 사람을 미혹해 아무 쓸모도 없는 선물을 받고 수천 명의 상점 점원이 선물을 팔다가 죽게 만든다. 어린이들은 과식으로 병에 걸리기까지 한다.' 싱클레어가 말한 날은 어느 날일까요? 바로 성탄절입니다. 이미 오래 전부터 성탄절은 상업적으로 변질되어 지금까지 오고 말았습니다. 그렇다면 우리는 과연 성탄절에 무엇을 기억해야 할까요?

• 내가 성탄절을 기대하고 기뻐하는 이유는 무엇입니까?

성경과의 만남

다른 복음서보다 누가복음은 예수님의 탄생 전후로 여러 가지 이야기를 전해 줍니다. 예수님의 길을 예비한 세례 요한이 탄생한 이야기, 천사 가브리엘이 마리아에게 나타나 수태고지 한 이야기, 태어나신 후로 정결 예식을 치르기 위해 예루살렘 성전을 방문한 이야기 등입니다. 그 가운데 한 가지가 들판에 있던 목자들에게 천사가 나타난 이야기입니다. 목자들 이야기는 복음이 어떤 소식인지를 잘 알려 줍니다. 목자들 이야기를 통해 성탄절에 우리가 꼭 기억해야 할 것을 깨닫기 바랍니다.

1. 예수님이 태어난 소식이 어디에 임했습니까? (눅 2:8)

➔ 비천한 목자와 같이 낮은 곳에 임했습니다.

해설 예수님이 베들레헴에서 태어나셨을 때 그 지역 밖에는 목자들이 양 떼를 지키고 있었다. 당시 목자는 매우 비천한 신분에 속한 사람들이었다. 가난하고 힘이 없는 존재였다. 그런데 그들에게 천사들이 나타나 예수님이 태어나신 소식을 전해 주었다. 낮은 곳에 성탄의 소식이 먼저 전해졌다. 낮은 자를 들어 올려 존귀하게 하시는 하나님의 역사가 이때부터 나타났다. 사실 예수님 자신이 가장 존귀한 하늘에서 낮고 낮은 땅으로 임하셨다. 감사하게도 성탄 소식이 낮고 낮은, 하나님 앞에 정말로 부족한 우리에게도 전해졌다. 이는 우리 역시도 고하를 막론하고 누구에게나 성탄의 소식을 전해야 한다는 뜻이기도 하다.

• 우리가 성탄 소식을 전해야 할 낮은 곳은 어디일까요?

2. 천사가 전해 준 소식은 어떤 소식입니까? (눅 2:10)

➔ 큰 기쁨을 주는 좋은 소식입니다.

해설 천사가 전해 준 소식이 놀랍다. 먼저 목자들에게 두려워하지 말라고 한 뒤 온 백성에게 미칠 큰 기쁨의 좋은 소식을 전한다고 했다. 여기서 말하는 좋은 소식이 복음(Good News)이다. 당시 사람들에게 좋은 소식은 로마 황제의 후계자가 태어나거나 전쟁에서 승리한 소식을 뜻했다. 그런데 천사는 예수님이 나신 소식을 좋은 소식이라고 했다. 왜냐하면 예수님께서 온 세상을 구원할 구주로 태어나셨기 때문이다. 로마 황제는 온 백성을 구원하지 못한다. 심지어 자기 자신도 구원하지 못한다. 그러나 예수님께서는 십자가에 달려 죽으셨다가 다시 살아나심으로 온 백성을 죄에서 구원하셨다. 그러니 구원자 예수님이 이 땅에 태어나셨다는 소식보다 더 큰 기쁨을 주는 좋은 소식은 없다.

• 어떻게 하면 이 '큰 기쁨의 좋은 소식'을 다른 이들과 나눌 수 있을까요?

3. 아기 예수님을 본 목자들의 반응은 무엇입니까? (눅 2:20)

➔ 목자들은 말씀대로 이루어진 것을 보고 하나님께 영광을 돌렸습니다.

해설 천사에게 구주가 태어나셨다는 소식을 들은 목자들은 곧장 베들레헴으로 갔다. 천사의 말대로 아이가 태어났다. 목자들은 자신들이 보고 들은 일은 부모와 사람들에게 알렸다. 그리곤 들은 말씀대로 이루어진 것을 보고 그 모든 것으로 인해 하나님께 영광을 돌리고 찬송하며 돌아갔다. 이처럼 성탄 소식은 하나님께 영광을 돌리고 하나님을 높이며 찬송하게 하는 소식이다. 다른 것이 성탄절의 주인공이 되게 해선 안 된다. 성탄절에 영광을 받으실 분은 오직 성부, 성자, 성령 하나님이심을 기억하고 높여야 한다. 그렇다면 무엇으로 하나님께 영광 돌릴 수 있을까? 함께 모여 예배하고, 기쁜 성탄 소식을 전하며, 낮은 곳에서 소외된 이웃에게 온기를 전함으로 하나님께 영광 돌리고 찬양할 수 있다.

- 성탄절 시기에 우리가 특별히 하나님께 영광을 돌릴 수 있는 방법은 무엇일까요?

4. 교리문답은 성탄에 대해 무엇을 알려 줍니까?

➔ 교리문답은 예수님이 사람이 되셔야 했던 이유를 알려 줍니다.

해설 교리문답은 은혜언약의 중보자이신 예수님이 사람이 되셔야 했던 이유를 알려 준다. 예수님이 사람으로 오셔서 인간의 본성을 향상시키시고, 율법에 순종하시고, 고난을 받으시고, 중보하시며, 연약함을 동정하셔야 했기 때문이다. 범죄한 이가 인간이었으므로 순종할 이 역시 인간이어야 했으니 예수님께서 인간으로 이 땅에 오신 것이다. 그 덕분에 우리는 하나님의 자녀가 되었고 위로를 얻으며, 은혜의 보좌 앞으로 담대히 나아갈 수 있게 되었다. 그러니 성탄은 우리에게 행복을 주는 소식이며, 위로를 기다리는 모든 사람에게도 기쁜 소식이다.

• 성탄이 주는 기쁨과 행복에 대해 나누어 보세요.

정리하기

성탄절의 주인공은 산타클로스도, 썰매 끄는 루돌프도, 선물 받는 어린이들도 아닙니다. 오직 예수님이십니다. 존귀하신 예수님께서 낮고 낮은 곳으로 오셨습니다. 그분이 오신 소식은 그 어떤 소식보다 큰 기쁨의 좋은 소식입니다. 이 소식을 듣고 믿고 확신한다면 하나님께 영광을 돌릴 수밖에 없는 소식입니다. 이 좋은 소식을 주위에 널리 전하기 바랍니다.

한 주간 약속

소그룹에서 서로 토의하여 자유롭게 만들어 봅시다.

예) 예수님의 탄생을 알리는 축하 카드를 만들어 세 명 이상에게 보내기.

행복한 구역 모임 쓰리 플러스 - 토론식

초판 1쇄 인쇄 2024년 12월 2일
초판 1쇄 발행 2024년 12월 9일

개정 집필 조성국 교수
편집 위원 김은덕 목사, 윤웅열 목사
디자인 CROSS-765
발행인 이기룡
발행처 생명의양식
등록번호 서울 제22-1443호(1998년 11월 3일)
주소 서울시 서초구 고무래로 10-5(반포동)
전화 02-533-2182
팩스 02-533-2185
홈페이지 www.qtlnad.com